经济预测科学丛书

国际产业转移：测度、演变及趋势

高 翔 杨翠红 著

科学出版社

北 京

内 容 简 介

本书基于世界投入产出框架构建了全球产业转移价值量测度模型。这一模型能够克服现有的主流产业转移测度指标的局限性，提供更系统、全面的国际产业转移规模测度结果，从而更清晰地刻画全球产业布局的演变趋势。围绕这一模型及测算结果，本书对国际产业转移的演变历程和中国典型制造业参与国际产业转移的路径演变开展了一系列实证研究，期望能够对当前和过去的国际产业转移格局和特征进行立体透视，并基于此对未来的国际产业转移趋势有一个初步的展望。

本书的阅读人群包括宏观经济、世界经济和国际贸易领域的研究人员；各级政府商务部门的分析人员与政策制定者；关注中国和世界经济形势、国际产业转移变化的各界人士。

图书在版编目(CIP)数据

国际产业转移：测度、演变及趋势/高翔，杨翠红著. —北京：科学出版社，2023.3
（经济预测科学丛书）
ISBN 978-7-03-074920-8

Ⅰ. ①国… Ⅱ. ①高… ②杨… Ⅲ. ①世界经济–产业转移–研究 Ⅳ. ①F113.1

中国国家版本馆 CIP 数据核字（2023）第 032510 号

责任编辑：徐　倩／责任校对：贾娜娜
责任印制：赵　博／封面设计：无极书装

科学出版社 出版
北京东黄城根北街16号
邮政编码：100717
http://www.sciencep.com

北京富资园科技发展有限公司印刷
科学出版社发行　各地新华书店经销
*

2023年3月第 一 版　开本：720×1000　1/16
2024年8月第三次印刷　印张：7 1/2
字数：140 000
定价：126.00 元
（如有印装质量问题，我社负责调换）

丛书编委会

主　编：汪寿阳

副主编：黄季焜　魏一鸣　杨晓光

编　委：（按姓氏汉语拼音排序）

陈　敏	陈锡康	程　兵	范　英	房　勇
高铁梅	巩馥洲	郭菊娥	洪永淼	胡鞍钢
李善同	刘秀丽	马超群	石　勇	唐　元
汪同三	王　珏	王　潼	王长胜	王维国
吴炳方	吴耀华	杨翠红	余乐安	曾　勇
张　维	张林秀	郑桂环	周　勇	邹国华

总　序

中国科学院预测科学研究中心（以下简称中科院预测中心）是在全国人民代表大会常务委员会原副委员长、中国科学院原院长路甬祥院士和中国科学院院长白春礼院士的直接推动和指导下成立的，由中国科学院数学与系统科学研究院、中国科学院地理科学与资源研究所、中国科学院科技政策与管理科学研究所、中国科学院遥感应用研究所、中国科学院大学和中国科技大学等科研与教育机构中从事预测科学研究的优势力量组合而成，依托单位为中国科学院数学与系统科学研究院。

中科院预测中心的宗旨是以中国经济与社会发展中的重要预测问题为主要研究对象，为中央和政府管理部门进行重大决策提供科学的参考依据和政策建议，同时在解决这些重要的预测问题中发展出新的预测理论、方法和技术，推动预测科学的发展。其发展目标是成为政府在经济与社会发展方面的一个重要咨询中心，成为一个在社会与经济预测预警研究领域中有重要国际影响的研究中心，成为为我国和国际社会培养经济预测高级人才的主要基地之一。

自 2006 年 2 月正式挂牌成立以来，中科院预测中心在路甬祥副委员长和中国科学院白春礼院长等领导的亲切关怀下，在政府相关部门的大力支持下，在以全国人民代表大会常务委员会原副委员长、著名管理学家成思危教授为前主席和汪同三学部委员为现主席的学术委员会的直接指导下，四个预测研究部门团结合作，勇攀高峰，与时俱进，开拓创新。中科院预测中心以重大科研任务攻关为契机，充分发挥相关分支学科的整体优势，不断提升科研水平和能力，不断拓宽研究领域，开辟研究方向，不仅在预测科学、经济分析与政策科学等领域取得了一批有重大影响的理论研究成果，而且在支持中央和政府高层决策方面做出了突出贡献，得到了国家领导人、政府决策部门、国际学术界和经济金融界的重视与高度好评。例如，在全国粮食产量预测研究中，中科院预测中心提出了新的以投入占用产出技术为核心的系统综合因素预测法，预测提前期为半年以上，预测各年度的粮食丰、平、歉方向全部正确，预测误差远低于西方发达国家；又如，在外汇汇率预测和国际大宗商品价格波动预测中，中科院预测中心创立了 TEI@I 方法论并成功地解决了多个国际预测难题，在外汇汇率短期预测和国际原油价格波动等预测中处于国际领先水平；再如，在美中贸易逆差估计中，中科院预测中心提出了计算国际贸易差额的新方法，从理论上证明了出口总值等于完全国内增加值和完全进口值之和，提出应当以出口增加值来衡量和计算一个国家的出口规模和两个国家之间的贸易差额，发展出一个新的研究方向。这些工作不仅为中央和政府高层科学决策提供了重要的科学依据和政策建议，所提出的新理论、新方法和新技术也为中国、欧洲、美国、日本、东南亚和中东等国家和地区的许多研究机构所广泛关注、学习和采用，产生了广泛的社会影响，并且许多预测报告的重要观点和主要结论为众多国内外媒体大量报道。最近几年来，中科院预测中心获得了 1 项国家科技进步奖、6 项省部级科技奖一等奖、8 项重要国际奖励，以及张培刚发展经济学奖和孙冶方经济科学奖等。

中科院预测中心杰出人才聚集，仅国家杰出青年基金获得者就有 18 位。到目前为止，中心学术委员会副主任陈锡康教授、中心副主任黄季焜教授、中心主任汪寿阳教授、中心学术委员会成员胡鞍钢教授、石勇教授、张林秀教授和杨晓光教授，先后获得了有"中国管理学诺贝尔奖"之称的"复旦管理学杰出贡献奖"。中科院预测中心特别重视优秀拔尖人才的培养，已经有 2 名研究生的博士学位论文被评为"全国优秀博士学位论文"，4 名研究生的博士学位论文获得了"全国优秀博士学位论文提名奖"，8 名研究生的博士学位论文被评为"中国科学院优秀博士学位论文"，3 名研究生的博士学位论文被评为"北京市优秀博士学位论文"。

为了进一步扩大研究成果的社会影响和推动预测理论、方法和技术在中国的研究与应用，中科院预测中心在科学出版社的支持下推出这套"经济预测科学丛书"。这套丛书不仅注重预测理论、方法和技术的创新，而且也关注在预测应用方面的流程、经验与效果。此外，丛书的作者们将尽可能把自己在预测科学研究领域中的最新研究成果和国际研究动态写得通俗易懂，使更多的读者和其所在机构能运用所介绍的理论、方法和技术去解决他们在实际工作中遇到的预测难题。

在这套丛书的策划和出版过程中，中国科技出版传媒股份有限公司董事长林鹏先生、副总经理陈亮先生和科学出版社经管分社社长马跃先生提出了许多建议，做出了许多努力，在此向他们表示衷心的感谢！我们要特别感谢路甬祥院士，以及中国科学院院长白春礼院士、副院长丁仲礼院士、副院长张亚平院士、副院长李树深院士、秘书长邓麦村教授等领导长期对预测中心的关心、鼓励、指导和支持！没有中国科学院领导们的特别支持，中科院预测中心不可能取得如此大的成就和如此快的发展。感谢依托单位——中国科学院数学与系统科学研究院，特别感谢原院长郭雷院士和院长席南华院士的长期支持与大力帮助！没有依托单位的支持和帮助，难以想象中科院预测中心能取得什么发展。特别感谢学术委员会前主席成思危教授和现主席汪同三学部委员的精心指导和长期帮助！中科院预测中心的许多成就都是在他们的直接指导下取得的。还要感谢给予中科院预测中心长期支持、指导和帮助的一大批相关领域的著名学者，包括中国科学院数学与系统科学研究院的杨乐院士、万哲先院士、丁夏畦院士、林群院士、陈翰馥院士、崔俊芝院士、马志明院士、陆汝钤院士、严加安院士、刘源张院士、李邦河院士和顾基发院士，中国科学院遥感应用研究所的李小文院士，中国科学院科技政策与管理科学研究所的牛文元院士和徐伟宣教授，上海交通大学的张杰院士，国家自然科学基金委员会管理科学部的李一军教授、高自友教授和杨列勋教授，西安交通大学的汪应洛院士，大连理工大学的王众托院士，中国社会科学院数量经济与技术经济研究所的李京文院士，国务院发展研究中心李善同教授，香港中文大学刘遵义院士，香港城市大学郭位院士和黎建强教授，航天总公司 710 所的于景元教授，北京航空航天大学任若恩教授和黄海军教授，清华大学胡鞍钢教授和李子奈教授，以及美国普林斯顿大学邹至庄教授和美国康奈尔大学洪永淼教授等。

许国志院士在去世前的许多努力为今天中科院预测中心的发展奠定了良好的基础，而十余年前仙逝的钱学森院士也对中科院预测中心的工作给予了不少鼓励和指导，这套丛书的出版也可作为中科院预测中心对他们的纪念！

汪寿阳

2018 年夏

序 一

近年来，在中美经贸摩擦、新冠疫情等重大国际事件的接连冲击下，世界经济步入衰退周期，"去全球化"的思潮不断涌现，地缘政治的紧张局势持续加剧。对我国而言，一方面，2018年开始升温的中美经贸摩擦从外部对中国经济发展和产业链的国际循环施加了压力。美国针对自中国进口产品和出口企业的单方面商业或科技制裁、针对中国主权风险的潜在政治手段以及中国可能出台的一系列反制措施都将打击跨国企业对中国的投资信心，影响在中国生产的企业特别是外商投资企业的选址决策，可能加速我国相关产业的对外转移。另一方面，新冠疫情和俄乌冲突等事件接连引发的全球供应链中断使全球化生产模式对单一供应来源过度依赖的风险暴露无遗。受此影响，跨国企业积极推动其供应链管理模式从效率优先向安全优先转变，而对供应链韧性的追求也将推动全球价值链重构，导致在华外商投资企业的对外转移。

在外部全球价值链重构和内部区域发展不平衡的双重压力下，2020年4月，习近平适时提出了"构建以国内大循环为主体、国内国际双循环相互促进的新发展格局"[①]。因此，在全球价值链重构和新发展格局构建的双重背景下，厘清过去国际产业转移的经济规律，分析当前国际产业转移的新形势，展望未来国际产业转移的新趋势，将对留住国内产业链关键环节、畅通国际国内"双循环"起到重要的参考作用，是一个亟待深入系统研究的问题。中国科学院预测科学研究中心高翔和杨翠红的新作《国际产业转移：测度、演变及趋势》通过创新定量研究方法，在全球经济系统框架下构建了一套科学测度国际产业转移程度等的数量经济模型，对上述问题开展了系统研究，得到了若干重要研究结论，为相关部门的科学决策提供了理论依据和政策建议，为学术界同行的进一步研究提供了数据支撑和方法参考。

本书是科学出版社经济预测科学丛书之一，是中国科学院预测科学研究中心的重要研究成果之一。中国科学院预测科学研究中心于2006年2月在全国人民代表大会常务委员会副委员长、中国科学院院长路甬祥院士的直接推动和亲自指导下正式成立，作为中国经济与社会发展领域的一个研究机构，为中央和政府进行重大决策提供科学依据和重要建议。中国科学院预测科学研究中心长期以来针对

---

① 《构建新发展格局 重塑新竞争优势》，http://www.gov.cn/xinwen/2022-10/12/content_5717732.htm[2023-03-22]。

经济与社会发展中的重大决策问题和基本科学问题，开展经济理论、数量方法与技术的创新研究，不仅在预测科学、经济分析、管理科学及政策科学等领域取得了一批有重大影响的理论研究成果，而且在支持中央和政府管理部门决策方面做出了突出的贡献，产生了广泛的影响。我相信该书特别是模型方法创新将在未来针对中国经济问题的研究工作中持续发挥重要作用，也期待两位作者在未来的研究中取得有更大影响的研究成果。

汪寿阳

2023 年 2 月 23 日

序 二

国际产业转移是一个兼具理论价值与现实意义的重要研究问题。从理论层面来看，国际产业转移是一个涉及国际经济学、产业经济学、区域经济学以及供应链管理等多学科的研究领域，与产品生命周期理论、国际生产折衷理论、新经济地理学、全球价值链理论等多种经济学、管理学领域的重要学说密切相关。从现实层面来看，在当前经济全球化减速的新阶段，世界正经历"百年未有之大变局"，国际经贸格局与政治秩序快速重构，全球产业布局的不确定性日益增长。在这一系列背景下，围绕国际产业转移的实证研究具有不言而喻的重要性。因此，高翔和杨翠红顺应时代背景的新著《国际产业转移：测度、演变及趋势》，对国际产业转移规模开展了系统度量，对国际产业转移的演变特征进行了清晰刻画，既为国际产业转移的理论与实证研究提供了新的洞见，也为应对国际产业转移新趋势的政策制定提供了重要参考。

总的来看，该书最突出的特点是基于投入产出框架构建了全球产业转移价值量测度模型，对国际产业转移规模和方向进行了系统测算。投入产出技术是一种非常实用的数量经济分析工具，以能够清晰地反映系统内部各个部门间错综复杂的联系著称。自诺贝尔经济学奖获得者里昂惕夫于1936年发表第一篇有关投入产出分析的文章到今天，投入产出分析已经走过了近90年的历程，涉及国民经济管理、行业分析、企业管理和国际经济管理等众多社会经济领域。我国也是较早进行投入产出分析研究与应用的国家之一。我国的第一张投入产出表是由国家统计局、国家计划委员会、中国科学院、中国人民大学、北京经济学院等单位共同合作编制的1973年61部门实物型投入产出表。之后，根据国务院办公厅的有关决定，从1987年开始我国每5年编制一次基于大规模调查的投入产出表，并在中间年份编制若干年度的投入产出延长表。1987年3月，由中国人民大学、中国科学院系统科学研究所、国家统计局联合发起成立了中国投入产出学会。目前，我国投入产出分析的研究取得了很多重要的成果，并成功地应用于贸易增加值测算、全国粮食产量预测等众多领域。随着社会的进步和经济的发展，投入产出分析也在不断改进和发展，许多新的研究成果不断涌现。本书基于投入产出模型构建的全球产业转移价值量测算模型正是一项基于投入产出分析的重要前沿创新。在当前全球经贸格局受到中美经贸摩擦、新冠疫情、俄乌冲突等重大突发事件影响将发生深刻转变的背景下，我相信这一模型将大有可为。

该书是高翔主持的国家自然科学基金青年科学基金项目"全球产业转移测度与全球价值链重构模型研究"的阶段性进展，也涵盖了其在杨翠红研究员指导下的博士论文和博士后期间工作的前期研究成果。自高翔于 2015 年作为直博生保研至中国科学院数学与系统科学研究院算起，这已经是我们相识的第 9 个年头了。其间高翔出色的数量经济建模能力和出众的科研攻关能力给我留下了深刻的印象。期望高翔能够一直保持谦逊、踏实、坦诚的作风和对科研工作的热忱，在投入产出分析这一中国科学院数学与系统科学研究院的优势研究领域取得更丰硕的研究成果。

2023 年 2 月 23 日

序 三

过去二十多年来，随着基础设施、信息互联网等技术的发展和全球化的深入推进，全球生产分工和市场融合已经大大突破国界，带动了大范围、大规模的国际产业转移。然而，在当前和今后一个时期，随着国际竞争的不断显性化和激烈化以及新冠疫情对全球供应链治理模式的重塑，中国作为国际产业转移的主要受益国之一正面临着一系列全新的机遇和调整。从外部环境来看，第一，全球经济发展步入新的周期，经济增速明显放缓，结构性变化非常突出。第二，国际贸易环境的不确定性明显增加，在贸易增速放缓的同时呈现出区域化、数字化、服务化的显著特征。第三，颠覆性技术及其创新出现频率增加，技术迭代和创新加速，推动着全球产业竞争与分工模式的重塑，呈现出生产方式智能化、产业组织平台化、技术创新开放化的特征。第四，保护主义、极端主义将对全球地缘政治格局产生严重影响，全球治理体系进入快速变革期，大国博弈对抗风险凸显。从内部环境来看，"十四五"时期我国开启了全面建设社会主义现代化国家新征程。站在新的历史起点上，经济社会发展的基础及约束条件、发展要求不同于以往。虽然我国的基础设施、技术水平、人力资本、市场规模、制度环境等均持续改善，但近年来许多指标发生了转折性变化，如经济增长速度、制造业增加值占GDP的比重、净出口贡献率、国民储蓄率、劳动力供给、总抚养比等。总的来看，在这些内外部变化的协同作用下，我国参与国际产业转移的规模、形式和特征都会出现较大的变化。如何捕捉这些变化并做出科学的应对决策是我国在当前经济社会发展的重要战略机遇期面临的重大挑战。

高翔、杨翠红的著作《国际产业转移：测度、演变及趋势》通过构建科学测度国际产业转移的经济数学模型，对全球产业转移的历史进程进行了系统全面的刻画。他们的量化测算结果能够很好地验证理论研究的结论，补充定性研究的不足，对产业转移新变化对应的新理论建设有很好的启发作用。他们还基于研究成果对当前和未来国际产业转移的新变化做出了颇具决策参考价值的展望。我对高翔、杨翠红的著作出版表示祝贺。同时，我也期望未来他们能将这套模型方法创新地进一步延伸到区域间的产业转移研究中。在当前加快构建国际国内双循环新发展格局的过程中，区域间的产业转移将成为我国建设国内大循环的关键动力和重要手段，区域协调发展也将在保障国家经济发展、生产链条和网络的安全方面发挥更大作用。我相信他们在模型方法层面创新的进一步延伸将为区域协调发展相关研究做出重要贡献。

李善同

2023 年 2 月 24 日

前　言

国际产业转移是一种由来已久的经济现象。它与全球化发展、全球价值链（global value chain，GVC）、国际生产折衷理论、新经济地理学、集聚经济学等多种重要经济现实或知名经济理论密切相关，因此一直是经济学领域的重要研究问题。与此同时，承接国际产业转移也是中国实现经济奇迹的重要路径之一。20世纪80年代以来，全球生产活动向中国的大规模转移助力中国迅速融入全球生产体系，进而成为著名的"世界工厂"。因此，对中国经济的研究者而言，国际产业转移是一个不容忽视的研究议题。

作者对国际产业转移的研究可以追溯至2016年上半年。当时，全球经济正处于2008年全球金融危机后的复苏周期，国际经济秩序和贸易格局正在逐渐重塑，全球价值链重构的信号开始涌现，一个典型的例子就是2014年中国对外投资额首次超过外商直接投资额成为资本净输出国。作为全球价值链重构的现实基础，国际产业转移吸引了我们的研究兴趣。为了开展这一研究，我们希望通过定量指标或数学模型的刻画，对既往的国际产业转移历程有一个较为清晰和客观的认知。然而，在细致的文献调研工作中，我们惊讶地发现，相较于丰富的理论研究，对国际产业转移测算工具的开发却较为不足，现有的主流测度方法均存在一定的局限性或潜在的测算偏差，哪怕这是一个颇具历史的重要研究问题。因此，为了能够清晰刻画既往国际产业转移的演变历程，厘清当前国际产业转移的行为特征，并为国际产业转移未来趋势的展望提供数据参考，我们原创性地基于世界投入产出框架提出了测度国际产业转移的系统方法。这是本书最核心的研究内容和最主要的边际贡献。

现在来看，我们对国际产业转移问题的研究起点与全球重大突发事件接连爆发的时点出现了惊人的重合。这种重合可能只是一个巧合，但也有可能是冥冥中经济学学术研究与经济现实发展对国际经贸形势变化的共同感应。2016年6月，在我们构建全球产业转移价值量测度模型的同时，英国全民公投决定"脱欧"，震惊了全球。此后，2018年中美经贸摩擦爆发并拉锯至今，2019年底新冠疫情出现并于2020年在全球大流行，2022年俄乌军事冲突爆发且至今仍没有停火的迹象。这些全球重大突发事件不断刷新着我们对"百年未有之大变局"的认知，而其引发的国际供应链中断更是极大地强调了供应链安全与韧性的重要性。受此影响，全球生产体系动态调整加速，全球生产网络（global production network，GPN）朝着供应链本土化、区域化和纵向分工链条缩短的方向重构。总的来说，当前国际产业转移正处于转型变动的重要时期，将呈现出全新的甚至截然相反的发展方向。而作为全球生产体系中的核心枢纽和上一轮国际产业转移浪潮中主要的承接国，中国在这一过程中首当其冲，面临着不容小觑的风险。因此，厘清国际产业转移的演变特征、解析国际产业转移的发展趋势以及利用政策工具应对潜在风险已经成为中国经济主战场上面临的重要议题。这些问题的有效解答也将为中国更好地把握转型机会，在新一轮国际产业布局中占据主动提供科学支持，而本书围绕全球产业转移价值量测度模型的一系列实证研究也将为这些问题的解答提供定量参考。

本书共分为六章，章节安排总体上呈现"从模型到应用""从过去到未来"的逻辑主线。第1章综述了国际产业转移的发展背景与理论基础。第2章回顾了现有文献中产业转移测度的三类主流指标及其局限性，并在此基础上提出了全球产业转移价值量测度模型。围绕这一模型及其测算结果，第3章区分了离岸生产（offshoring）、回岸生产（re-shoring）和生产再离岸（re-offshoring）这三类不同的产业转移模式，对国际产业转移的演变历程进行了定量刻画。第4章则将研究视角聚焦到中国，对中国典型制造业参与国际产业转移的路径演变开展了详细分析。第1章至第4章的研究主要集中在国际产业转移的既有形势，而第5章和第6章则尝试引入产业转移的未来发展方向。一方面，产业转移的未来趋势离不开产业转移引导政策的规划研究，而产业梯度系数则是这一研究中的重要分析工具，因此，第5章基于全球产业转移价值量测度模型的实证结果对产业梯度系数的准确性进行了定量实验论证。另一方面，我们认为未来国际产业转移的发展趋势将呈现区域化、智能化、绿色化、服务化等诸多特征，第6章由此入手展开了详细论述，并对其中中国面临的潜在机遇和风险进行了解析，提出了相应的政策建议。

本书获得国家自然科学基金青年科学基金项目"全球产业转移测度与全球价值链重构模型研究"（72103184）、国家自然科学基金委员会基础科学中心项目"计量建模与经济政策研究"（71988101）、国家社会科学基金重大项目"中美经贸博弈的经济影响及我国对策研究"（19ZDA062）资助。在本书涉及的模型构建和实证研究过程中，作者曾获得美国伊利诺伊大学厄巴纳-香槟分校 Geoffrey J.D. Hewings 教授的指导。此外，中国科学院数学与系统科学研究院陈锡康研究员、汪寿阳研究员等也为本书的研究工作提供了宝贵建议。在此，我们谨向科学出版社及其他所有为本书编写、出版给予支持和帮助的同志表示衷心感谢！限于时间和作者的水平，不足之处在所难免，敬请广大读者和有关专家予以批评和指正！

高　翔　杨翠红

2022年9月26日

目 录

第1章 国际产业转移的历程与理论综述 ·········· 1

    1.1 国际产业转移的发展与演变历程 ·········· 1

    1.2 国际产业转移的理论综述 ·········· 3

    1.3 小结 ·········· 10

第2章 全球产业转移价值量测度模型 ·········· 13

    2.1 现有的产业转移测度方法 ·········· 13

    2.2 构建全球产业转移价值量测度模型 ·········· 15

    2.3 2000~2007年国际制造业产业转移概览 ·········· 24

    2.4 小结与讨论 ·········· 29

第3章 离岸生产？回岸生产？生产再离岸？全球制造业产业布局的演变分析 ·········· 31

    3.1 离岸生产、回岸生产与生产再离岸 ·········· 31

    3.2 国际制造业产业布局演变的理论假说 ·········· 33

    3.3 离岸生产、回岸生产、生产再离岸产业转移模式的测度算法 ·········· 34

    3.4 2007~2014年全球制造业产业布局的演变分析 ·········· 38

    3.5 小结与讨论 ·········· 45

第4章 中国典型制造业国际转移路径的演变分析 ·········· 47

    4.1 中国受中美经贸摩擦影响的典型制造业 ·········· 47

    4.2 产业转移路径的定义 ·········· 49

    4.3 2000~2014年中国制造业分行业产业转移规模概况 ·········· 50

    4.4 中国"计算机、电子和光学产品制造业"产业转移路径的演变分析 ·········· 52

    4.5 中国"纺织业"产业转移路径的演变分析 ·········· 59

    4.6 小结与讨论 ·········· 64

第 5 章　产业梯度系数能够准确揭示产业转移方向吗？ ……………… 66

　　5.1　产业转移与产业梯度系数 ……………………………………… 66
　　5.2　产业梯度系数的测度与数据来源 ……………………………… 68
　　5.3　产业梯度系数准确性基准检验与偏差分析 …………………… 70
　　5.4　产业梯度系数准确性的偏差验证 ……………………………… 73
　　5.5　小结 ……………………………………………………………… 77

第 6 章　百年未有之大变局下国际产业转移的新趋势 …………………… 78

　　6.1　国际产业转移的新趋势与中国面临的主要风险 ……………… 78
　　6.2　应对产业链对外转移风险的政策建议 ………………………… 83

附录 A ………………………………………………………………………… 85

附录 B ………………………………………………………………………… 86

附录 C ………………………………………………………………………… 88

附录 D ………………………………………………………………………… 89

参考文献 ……………………………………………………………………… 90

第1章

国际产业转移的历程与理论综述

1.1 国际产业转移的发展与演变历程

产业转移是一种常见的经济现象,它指的是在经济发展的演变过程中,随着各地区比较优势和供需条件的动态变化,某一产业的生产环节通过外商直接投资或贸易等方式在不同地区间的迁移。第二次世界大战结束至今,随着全球化进程的快速推进,全球范围内已经发生过多次大规模的国际产业转移浪潮,且均呈现出由发达经济体向发展中经济体转移的模式特征。20世纪50年代,传统制造业从美国向日本和德国转移,推动了当地的工业化或再工业化提速以及美国自身产业结构向以技术密集型产业和服务业为主的结构转型。20世纪六七十年代,劳动密集型制造业从日本和德国向以亚洲四小龙(韩国、新加坡、中国香港和中国台湾)为代表的亚洲发展中经济体和以巴西为代表的南美洲发展中经济体转移。最具代表性的是20世纪80年代以后,全球生产活动大规模向中国转移,助推中国经济快速增长,成为新的世界制造工厂(Lemoine and Ünal-Kesenci, 2004)。从历史的经验来看,这类符合经济自然发展规律的产业转移活动通常会为来源地和承接地带来双向利好,既促进产业转移承接地的经济增长和产业发展,又帮助产业转移来源地腾出生产要素,完成经济转型与产业结构升级。

21世纪以来,信息技术革命带动了通信成本的大幅下降,叠加运输成本和全球贸易壁垒的同步降低,促进了全球生产网络(全球价值链)的形成和飞速发展(Coe et al., 2008; Los et al., 2015; Antràs and Chor, 2013; Pietrobelli and Rabellotti, 2011; Giuliani et al., 2005)。受此推动,国际生产分工日趋细化,垂直专业化(vertical specialization)生产逐渐成为世界经济的显著特征(Brakman et al., 2015; Dean et al., 2011; Chen et al., 2005; Hummels et al., 2001),国际产业转移规模飞速增长。如图1.1所示,2004年以来,高收入经济体在全球制造业增加值中的比重逐渐减少,被以中国为代表的中等收入经济体所替代(这一趋势在2013年及之前尤为明显)。正如Coe等(2008)所描述的:"全球生产网络中存在大量的可变因素,具有与生俱来的动态性,从而能在世界范围内迅速调整一些行业的产业转移时空结构。"

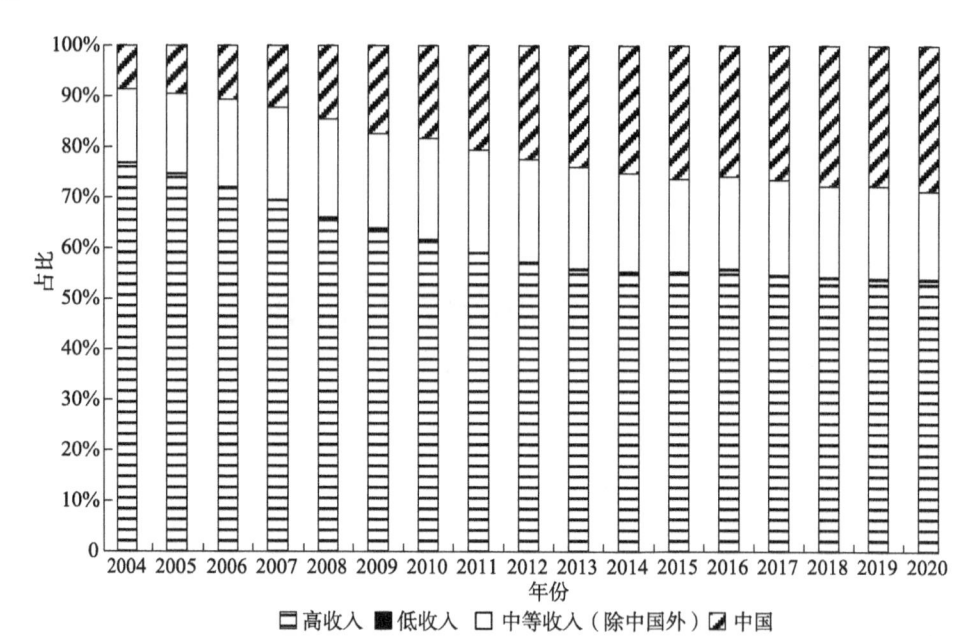

图 1.1　各类收入水平经济体在全球制造业增加值中的占比

资料来源：世界银行数据库 https://data.worldbank.org/

低收入经济体的占比位于高收入经济体和中等收入（除中国外）经济体之间，但是其在全球制造业增加值中的占比极小，因此图中显示不明显

然而，2008年全球金融危机的爆发和迅速蔓延重创了全球经济，世界经济、贸易格局被迫提前重构，为国际产业转移既有趋势的改变埋下了伏笔。进一步地，近年来包括中美经贸摩擦、新冠疫情等一系列国际重大突发事件及其导致的全球价值链中断接连推动着全球产业转移方向的逆转（Livesey，2017，2018；Oldekop et al.，2020），引发了对全球价值链"区域化"或"本土化"重构的广泛讨论（Brakman et al.，2020；Gereffi，2020）。从外部环境来看，以美国为代表的发达经济体开始重新重视实体经济，推动制造业回流从而重塑工业竞争力，这一举措正在成为其国家战略目标和改善国内经济情况的重要手段，其中高科技新兴产业、高端制造业是各方角力的重要领域。以非洲、东南亚地区为代表的发展中经济体凭借充足的劳动力资源禀赋、宽松的投资政策和巨大的建设需求跻身新一轮产业转移中优质的潜在承接地，它们迫切希望复制中国的经济发展奇迹。因此，中国正面临着中高端产业向发达经济体回流和中低端产业向发展中经济体分流的双重转移压力。与此同时，从内部变革来看，中国正逐渐步入经济发展新常态，在供给侧结构性改革深化、"一带一路"倡议推进、国内生产要素价格上升、环保压力激增等多重背景下，部分生产活动同样可能自中国向其他地区转移（Pappas et al.，2018；刘海云和聂飞，2015）。如图1.2所示，2008年全球金融危机以后，中国的加工贸易出口和非加工贸易出口的增长趋势出现了明显分化，非加工贸易出口在短暂的下

滑后整体持续增长（仅在 2016 年出现小幅下降），而与国际产业转移现象直接相关的加工贸易出口增长则进入了平台期，在 2010~2020 年基本持平。

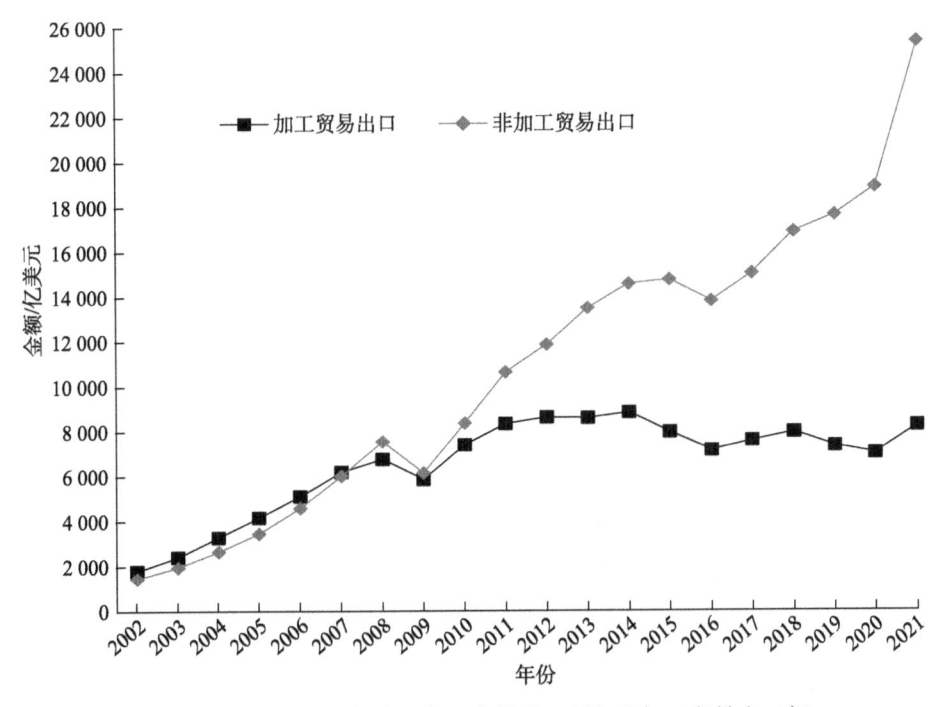

图 1.2　2002~2021 年中国加工贸易出口额与非加工贸易出口额
资料来源：中经网统计数据库—海关月度库 https://db.cei.cn/jsps/Home

综合来看，随着世界经贸格局的变化、全球价值链的重构和各经济体发展战略的动态调整，国际产业转移将演变出全新的发展趋势，将呈现出更多元的模式特征，也将对中国这一上一轮国际产业转移浪潮中的核心承接国造成深远影响。因此，围绕国际产业转移的相关研究已经成为当前中国经济主战场上的重要战略需求，有必要对国际产业转移的演变路径、演变特征进行梳理，对新时期产业转移的新模式、新趋势进行探究，为有序引导中国产业对外转移还应对存在潜在风险的产业政策进行研究。正如 Henderson 等（2001）曾总结道："国际产业转移是政策工具生效前亟待进一步研究的领域之一。"

1.2　国际产业转移的理论综述

目前，产业转移仍缺乏统一的定义，但一般认为存在狭义和广义两种视角的解读（郭巍，2016）。狭义视角强调产业转移的过程，指的是企业将部分或全部产能从原生产地迁移到新生产地，进而导致该企业所属行业在区域间的转移。广义视角则聚焦于产业转移的结果，指的是生产活动在不同地区间分布格局的变化。总的来看，针对产业转移现象的理论研究可以大体分为微观层面、中观层面和宏观层面三种类型，其中微观层面的研究主要对应狭义视角的产业转移，而中观和宏观层面的研究则主要对应广义视角的产业转移。

1.2.1　宏观层面：产业布局发展趋势的研究

宏观层面的产业转移研究旨在探究宏观产业布局的演变趋势，认为产业转移是产业布局的演变过程。大体来看，产业布局的演变趋势主要可以分为以新经济地理学为代表的产业集聚趋势、以传统国际贸易理论为代表的水平专业化分工趋势和以全球价值链理论为代表的垂直专业化分工趋势。

传统国际贸易理论体系以亚当·斯密的绝对优势理论和大卫·李嘉图的比较优势理论为基础，认为均衡条件下各国都会进行专业化生产并出口各自具有比较优势的产品，进口不具有比较优势的产品。赫克歇尔-俄林的要素禀赋学说则进一步认为各国之间的生产要素相对差异是产生比较优势的必要条件。传统贸易理论认为，在劳动力和资本不变的情况下，基于要素禀赋和比较优势形成的国际分工将使参与贸易的各国实现福利增长，国际贸易的存在将增加全球生产总量。因此，对于任何具体行业来说，生产活动会随着国际贸易的增长从不具有比较优势、不符合当地要素禀赋的国家转移到具有比较优势的国家，从而造成全球产业布局的变化，实现国际产业转移。

20世纪80年代以来，产业内贸易规模的飞速增长，使致力于解释产业间贸易现象的传统贸易理论受到了挑战。在此背景下，以规模报酬递增和不完全竞争为主要假设的新贸易理论（Krugman，1980）应运而生，并以此为基础诞生了新经济地理学（Krugman，1991）。新经济地理学的核心基础是"中心-边缘模型"，该模型展示了在规模报酬递增、劳动力流动和运输成本的交互作用下产业布局的动态变化，得到的基本结论是"经济活动会在贸易成本足够低时向中心区域集聚"。Venables(1996)指出国际的劳动力流动性远低于经济体内部，克鲁格曼（Krugman）的模型无法直接解释国际维度的经济集聚。因此，Venables(1996)在不完全竞争的前提下，证实了最终产品和中间产品的投入产出关系同样能导致产业结构向部分中心区域倾斜，即经济活动在国际维度的集聚式产业转移。后续的研究进一步提升了新经济地理学在国际维度的解释力度。例如，Amiti（2005）在新经济地理学的研究范式中加入了赫克歇尔-俄林比较优势框架，并赋予了上下游行业不同的要素投入属性（劳动或资本密集型），模型推导结果显示，交易成本的下降将促使这些具有不同要素投入属性的上下游企业向同一地区集聚；Barde（2010）沿用了Venables(1996)模型的基本框架，并在其中引入了技术溢出的影响，证明了在较低的运输成本下，技术溢出会产生黑洞效应，而那些在技术溢出中受益较多的上下游部门将存在更显著的集聚特征；Fujita 和 Thisse（2013）沿着 Venables（1996）的设定，在寡头垄断的条件下同样证明了当中间产品和最终产品的贸易成本满足一定条件时，最终产品和上游中间产品部门会集中在同一地区，从而导致集聚式国际产业转移。

随着产业内贸易和中间品贸易规模的激增，全球生产分工方式也发生了巨大变化。生产工序被不断分割成各个环节并广泛分散到不同的国家和地区，从而发挥和整合各区域在技术水平、要素禀赋和要素价格层面的比较优势（Feenstra，1998）。在这种全球分工方式下，生产附加值将在每一个环节上依次创造、累加，并通过国际贸易传递至下一个经济体负责的环节，进而形成全球生产网络和全球价值链。全球价值链理论发源于 Porter（1985）在《竞争优势》一书中所提出的企业价值链体系研究。Kogut（1985）进一步将国家的比较优势引入该研究，认为当国家的比较优势决定了整个价值链的空间配置时，企业的竞争能力就决定了企业在价值链上的哪个环节进行专业化生产以确保竞争优势。这一观点强调了价值链的垂直分割和全球产业的空间再配置之间的关系，成为全球价值链理论形成的重要基础（张辉，2004）。此后，Krugman（1995）探讨了企业将内部的各个价值环节在不同地理空间进行配置的能力，引出了全球价值链中的治理模式与产业转移。Arndt 和 Kiezkowski（2001）首次使用"分段化"（fragment）来表述全球价值链中生产过程的分割现象。这一现象隐含了不同经济体在全球价值链体系中的纵向关联，也是全球价值链理论相比传统贸易理论的最显著特征，又被称为垂直专业化（Timmer et al.，2019；Fujita and Thisse，2006；Hummels et al.，2001）、序列生产（sequential production）或任务贸易（trade in task）（Grossman and Rossi-Hansberg，2008）。Gereffi 等（2005）首次采用了"全球价值链"这一术语，考察了全球生产网络的治理结构与网络中的价值分布，类似的概念还包括"全球商品链"和"国际供应链"等。与这些概念不同的是，"全球价值链"更强调全球化生产过程中的价值创造过程，因此在经济学研究中更为常见。目前，全球价值链不仅成了备受瞩目的研究领域，也成为组织国际产业转移的主要方式（张少军和刘志彪，2009）。

与新经济地理学不同的是，全球价值链理论反映的是生产布局向各个地区的分散，体现的是一种扩散式的产业转移。因此，这两种被广泛认可的学说似乎支持了完全相反的产业转移趋势。目前，已有一些理论研究在不同维度上巧妙地整合了这两种学说。Jones 和 Kierzkowski（2005）尝试将这两种学说所得出的两种截然相反的产业布局发展趋势视为不同地理维度的对应结果，他们证明了国际贸易体量的增长和服务费用的降低将"导致生产活动在世界范围内更加分散，但同时在每个国家/地区内部更加集聚"。有部分学者在中心-边缘模型框架中加入了对通勤成本的考虑（Murata and Thisse，2005），模型推导结果指出产业布局的发展过程将遵循"钟形曲线"（bell-shaped curve）（Fujita and Thisse，2013），即当贸易成本下降时经济活动会先向少数的城市区域集聚，然后再重新向大量的中小规模地区发散，在时间维度上整合了两种相反趋势。这些研究成果为产业布局的复杂演变提供了结构性的多维视角。

1.2.2 中观层面：产业转移典型范式的研究

中观层面的产业转移研究通常集中于通用于多数行业的产业转移典型范式，或个别具体行业或地区的产业转移特征、机理和规划方案。

通用于多数行业的产业转移典型范式通常能够反映产业转移过程中存在的普遍规律。目前，传播和应用较为广泛的产业转移典型范式有 Vernon（1966）提出的产品生命周期理论、Akamatsu（1937）提出的雁阵范式、Kojima（1973，1985）的边际产业扩张理论以及 Krumme 和 Hayter（1975）提出的梯度推移理论等。

由 Akamatsu（1937）提出的雁阵范式在构建之初是用于描述后来者经济体（日本）从进口到国内生产再到出口的工业化赶超过程的。工业化赶超过程从消费品行业到资本品行业、从简单制造业到复杂制造业不断循环，形成酷似雁阵的产业发展过程，因此被称为雁阵范式。此后，雁阵范式被进一步用来描述东亚经济体之间的产业联动发展，也由此极大地提升了其在产业转移领域的影响力。生产活动从东亚经济的领头雁日本依次向亚洲四小龙以及后续的中国沿海省份进行转移（蔡昉，2013；蔡昉等，2009；Kojima，2000），助力这些新兴工业化经济体的快速发展。

Vernon（1966）的产品生命周期理论实际上是雁阵模式的进一步发展（Kojima，2000）。该理论将产品发明后的演变过程划分为三个阶段，分别是创新期、成熟期和标准期，生产活动在不同阶段会向不同的地区进行转移。具体来看，新产品通常在发达国家被开发以满足高收入群体的新需求，在创新期，产品的需求价格弹性通常较低，生产规模飞速扩大。经历过创新期后，产品的生产技术日趋成熟，从而进入成熟期，逐渐逼近最优化要素配置，在这一阶段，发达国家的国内市场逐渐饱和并最终供过于求，产品将销售至其他次发达国家和发展中国家，并开始被仿制。当产品的生产完成优化过程形成标准化生产体系后，次发达国家将规模化生产产品，并从进口国转变为出口国，最终发展中国家将直接以标准化生产体系的优化成本仿制产品，从而占据后发优势，发达国家和次发达国家逐步放弃市场，改从发展中国家进口，产业从发达国家最终转移到发展中国家。

产品生命周期理论以直观的逻辑展现了产品的生产标准化过程中产业转移的共性规律，不仅揭示了企业跨国经营的动因，更成为第二次世界大战后跨国企业发展战略的指导（吴晓波和聂品，2005）。然而，20世纪80年代后，涌现出一系列产品生命周期理论难以解释的经济现实。高强（1987）认为产品生命周期理论不但忽视了生产要素的调节惯性和调节成本，而且忽视了上下游产品之间的关联效应，因此，该理论难以解释为什么一些夕阳产业难以对外转移。在产品生命周期的基础上，高强（1987）进一步引进了产业生命周期的概念，并将产业按生命周期划分为新兴产业、朝阳产业、支柱产业、夕阳产业和衰落产业，与产品生命周期相比，产业生命周期更具整体性和长程性。吴晓波和聂品（2005）认为产品生命周期理论难以解释跨国公司在产品开发伊始就迅速抢占东道国的当地市场，从而越过创新期和成熟期提前开展产业转移这一现象。他们认为产品生命周期理论未明显区分产品概念的层次，因此，他们着眼于时间维度，将产品生命周期理论进一步动态化和系统化，并以此为基础提出了国际产业转移的"波浪模型"。

Kojima（1973，1985）提出的边际产业扩张理论则综合了雁阵范式和产品生命周期理论。边际产业扩张理论认为对外直接投资不单是外国资本的投入，而是一个包含资本、技术和管理能力的综合体从母国向东道国的转移，对外直接投资应从母国的比较劣势产业（边际产业）开始，并向与母国生产技术相近的地区投资，其中中小企业更趋于比较劣势，更应当进行对外直接投资（彭红斌，2001）。边际产业扩张理论恰当地解释了日本在 20 世纪六七十年代的贸易创造型对外投资，也为解释发达国家对发展中国家的投资提供了一定程度的洞见，为中国对外直接投资、承接外商直接投资和国内产业发展提供了非常值得参考的启示（刘祥生，1992）。

上述三种国际产业转移的典型范式本质上是将传统国际贸易理论中的相对比较优势动态化的研究产物（孙浩进，2011）。与它们相比，梯度推移理论更加聚焦区域间的产业转移。传统的梯度推移理论创立于 20 世纪六七十年代，是 Krumme 和 Hayter（1975）在不平衡发展理论及产品生命周期理论等的基础上提出的，但梯度推移理论的雏形可以进一步追溯至杜能（1986）的农业圈理论、马歇尔（1964）的外部规模经济思想等。传统的梯度推移理论认为各地区的经济总是处于不平衡状态，客观上会形成经济梯度，产生经济推移的动力，形成产业的空间转移。在传统的梯度推移模式中，高梯度地区会先引进和掌握先进技术，然后逐步向中、低梯度地区转移，逐渐缩小地区间的经济差距，实现经济分布的相对均衡（贾利军，2009）。自 20 世纪 80 年代初引入中国以来，传统梯度推移理论在中国的经济战略制定中发挥了重要作用（李国平和赵永超，2008），逐渐成为指导中国区域经济发展实践的主流学说（成祖松，2013）。然而，魏守华等（2002）认为从静态上看，梯度推移理论过于强调空间发展的不平衡性，认为必须先发展高梯度的区域，忽略了人的主观能动性；从动态上看，梯度推移理论中的扩展效应远低于极化效应以及回程效应之和，会不断扩大发达与不发达地区之间的差距，难以实现各地区的均衡发展。东部地区在实现经济的快速发展之后，相关边际产业并未如传统梯度推移理论所预期的那样顺利向中西部地区转移，这一现象被中国学者称为"经济梯度推移粘性"（魏敏，2007；魏敏和李国平，2005）或"产业的区域粘性"（罗浩，2003）等。此外，李国平和许扬（2002）认为传统梯度推移理论过分强调产品生命周期的"遍历性"、要素禀赋布局的单一性和不同地区经济发展方式的同一性。而在科技发展和生产分工深化的背景下，各地区产业结构发展存在跨越某些中间阶段，直接发展部分行业的可能。在此背景下，反梯度理论（郭凡生，1984）和广义梯度理论（李国平和赵永超，2008；李国平和许扬，2002）被陆续提出，扩大了传统梯度推移理论的范畴。

由于难以囊括不同经济体、不同行业、不同时期产业转移行为的异质性，产业转移典型范式难以解释的经济现实总会存在，这也导致了近年来产业转移典型范式研究的相对停滞。而针对特定时期具体行业、地区的产业转移研究则可以避免这一问题。部分研究对产业转移的典型范式在具体行业中的应用进行了分析。例如，Hekman（1980）基于产品生命周期理论解释了棉纺织业向美国新英格兰东南地区的集中；孙高洁（2007）基于雁阵范式对中国承接韩国网游产业转移的形势进行了分析，并为中国网游产业的优化发展提出了建议；蔡昉等（2009）认为考虑到中国庞大的经济规模和国土面积，以及国内各区域间在发展水平和资源禀赋上的巨大差距，雁阵范式在中国的发展路径会有所不同，产业尤其是劳动密集型行业应该从东部地区向中西部地区转移；Ruan 和 Zhang（2010）证实了中国纺织产业的国内雁阵范式产业转移在 2005 年后开始显现；唐根年等（2015）则对中国制造业产业重心的迁移轨迹进行了刻画，同样得出中国区域间雁阵范式业已形成，经济增长动力正在发生改变。

1.2.3 微观层面：企业生产选址决策的研究

企业是国际产业转移行为的实现载体，因此，微观层面的产业转移研究主要集中在企业生产的选址决策上，既包括供给端对企业自身生产的地理位置决策，也包括需求端对企业从哪些地区采购上游原材料的决策，这两类决策都会导致产业在地区间的转移。企业生产的选址决策研究通常被归为"供应链管理"的范畴。目前，跨国企业的生产区位决策主要可以分为三个方向，分别是从母国转移至承接国的离岸生产、从原先的离岸生产承接国转移回母国的回岸生产、从原先的离岸生产承接国再次转移到第三方经济体的生产再离岸。

离岸生产是"离岸资源使用"（offshore resource using）的缩略词，它指的是将生产活动从其最初发展的国家迁移至国界以外进行运营（Kinkel and Maloca, 2009），其兴起可以追溯至全球化进程的开端。21 世纪以来，全球生产网络的飞速发展再度推动了离岸生产活动的大幅增加，以中国为代表的新兴经济体成为离岸生产活动最具吸引力的承接地。同时，离岸生产也演变出了全新的发展趋势和更多样化的发展特征，各学者开始更全面和深入地拓展全球离岸生产活动的研究成果。例如，Jensen 和 Pedersen（2011）实证发现离岸生产的目的地选址是基于当地要素禀赋和离岸生产动机（自然资源寻求型、市场寻求型、效率寻求型和战略资本寻求型）(Ellram et al., 2013; Dunning, 1998)的互相匹配。Jensen 和 Pedersen（2012）则进一步就公司离岸生产先进工序和欠先进工序的动机进行异质性分析。他们发现低技术、劳动密集型工序的低生产成本是欠先进工序离岸生产的主要动机；通过接收跨境知识流动和境外科技资源，获取国际市场竞争力是先进工序离岸生产的主要动机。Roza 等（2011）探究了不同规模类型企业在离岸生产动机上的异质性，发现成本因素是大型企业和小型企业重要的离岸生产动机，企业家精神是中型企业的主要动机。上述研究的进一步拓展体现了近年来全球离岸生产活动新趋势的协同演变。这些新趋势包括但不限于：离岸生产活动不只由跨国企业主导，越来越多的中小型企业也参与其中（Mohiuddin and Su, 2013; Kinkel and Maloca, 2009; di Gregorio et al., 2009）；参与离岸生产的行业不仅涉及制造业，也包括越来越多的服务业（Kenney et al., 2009; Metters and Verma, 2008; van Gorp et al., 2007），尤其是信息技术服务业；涉及离岸生产的工序先前主要为欠先进、低附加值的生产工序，如今越来越多的先进、高附加值生产工序被纳入（Temouri et al., 2010; Lewin et al., 2009）；推动离岸生产的新动机也在不断涌现，如股东或潜在投资者对企业采取可持续（更环保且具有人文关怀的）的生产行为的要求。

尽管支持者们坚定地宣称离岸生产活动将为母国和东道国带来双向收益（Farrell, 2005），但对离岸生产潜在的就业损失（Metters and Verma, 2008; Levy, 2005）、质量风险（Gray et al., 2011）和物流风险（Ritter and Sternfels, 2004）的担忧仍然广为传播。2008 年全球金融危机爆发后，批判者们似乎在离岸生产的利弊讨论中突然占据了制高点。例如，在 2008 年全球金融危机爆发后三年内，美国失业率居高不下，与离岸生产相关的就业损失在美国受到了极大关注（Delis et al., 2019; Levine, 2012）。面对全球金融危机的影响，以美国为代表的发达经济体开始重新重视实体经济。回岸生产（尤其是那些高技术、高附加值的生产活动）越发成为发达经济体提振国内经济发展、推动国内工业复苏、重塑生产竞争力的普遍手段（Delis et al., 2019; Joubioux and Vanpoucke, 2016; Ellram, 2013）。

新兴的回岸生产也同样被学者关注。除了 2008 年全球金融危机的冲击和相关的就业损失外，其他驱动回岸生产的主要因素包括低成本国家日渐减弱的成本优势（Kinkel, 2014）、对生产专利保护的日益重视（Kazmer, 2014）、生产地商誉（Moretto et al., 2019）和离岸生产活动被诟病的质量风险及供应链风险。Delis 等（2019）证实了金融危机对回岸生产的影响随着母公司和子公司之间距离的增大而缩小；同时，随着距离的增加，相对成本在解释回岸生产中的重要性也在减弱。Kinkel 和 Maloca（2009）基于德国制造业调研数据证明离岸生产是一个可逆转过程，触发回岸生产的主要动机是国际供应链在管理能力和灵活性上的劣势，以及离岸生产的潜在质量问题。回岸生产现象持续吸引学术领域的关注，另外，有不少文献也证明了离岸生产目前在生产区位决策中仍占据主流地位。Brennan等（2015）的实证结果显示，"回岸生产的趋势仍停留在初始阶段，且真正落实回岸生产的案例极少"。Kinkel 和 Maloca（2009）的研究成果也指出，平均在每4～6个离岸生产活动发生后的4～5年内，仅出现1个回岸生产。Baraldi 等（2018）基于商业市场视角，论证了回岸生产可能会受到母国商业网络中其他商业实体的限制。Blair 等（2014）对美国计算机与电子产品制造业的子行业进行了研究，发现美国产品在经济衰退（2007～2009年）结束后仍不断失去市场份额；该行业广泛提及的制造业回岸最终通常难以实现，即使个别大型企业确实组织了部分回岸生产。

企业还可以选择将离岸生产活动迁出过去的承接地，但不将其带回母经济体。这一决策在本书中被称为生产再离岸。近年来，东南亚、非洲和南美洲的发展中经济体与国际整体经济的联系越发密切。充足的劳动力资源、宽松的投资环境和对实现经济快速发展的渴求使得这些发展中经济体成为承接生产活动离岸和再离岸的理想地点。同时，中国——这个目前全球离岸生产活动的主要承接地，正在逐渐调整其经济发展战略，以实现在全球价值链中向高端攀升（侧重具有高附加值的生产活动）和国际国内市场供给的再平衡。在中国供给侧结构性改革不断推进、国内生产要素价格不断上升和环保政策不断收紧的大背景下，一部分生产活动可能从中国转移至其他经济体（Zhu and Pickles, 2014; Bellabona and Spigarelli, 2007）。Gadde 和 Jonsson（2019）根据对119家瑞典纺织产品采购商的调研，给出了2018～2025年瑞典纺织业产业布局展望。该展望指出，瑞典纺织产业将减少从中国的原料采购，并同时向孟加拉国等其他低成本亚洲国家以及欧洲经济体寻求产品替代。然而，除 Gadde 和 Jonsson（2019）的研究外，目前对于生产再离岸的研究较少。对生产活动从原先的承接地转向其他具有低成本优势的经济体的生产再离岸通常被视为离岸生产，而生产活动向与母经济体距离较近的地点的生产再离岸则通常在回岸生产的文献中被一并讨论，因为其背后存在相似的动机。

1.3 小　　结

产业转移是一种长期存在的经济现象，其研究也积累了深厚的理论基础。然而，2008年全球金融危机以来，全球化的发展趋势逐渐趋缓甚至逆转。特别是近年来在中美经贸摩擦、新冠疫情等一系列重大突发事件的冲击下，复杂价值链应对外部冲击的脆弱性暴露无遗，供应链安全逐渐替代利润最大化成为跨国公司选址决策的优先目标。这都将导致国际产业转移的发展趋势、演变特征和行为逻辑出现深刻的变化，而它们将如何变化则成为一个日益重要的研究问题。为了解答这一问题我们首先需要对国际产业转移的规模和方向进行恰当测度，从而对国际产业转移的历史演变进行清晰刻画，进而以此为基础对国际产业转移的未来趋势进行展望。然而，相较于丰富的产业转移理论研究，产业转移测算方法的开发则较为不足，现有的主流测度方法均存在一定的局限性（详见 2.1 节）。因此，本书主要的边际贡献是基于世界投入产出框架提出了测度国际产业转移的系统方法，并围绕这一方法对国际产业转移的演变历程开展了一系列实证研究，为当前及未来的国际产业转移趋势展望提供了模型与数据基础。

本书后续章节的安排如下。

第 2 章：全球产业转移价值量测度模型。在这一章回顾了现有文献中测度产业转移的三类主流指标，就其局限性开展了针对性评述。在此基础上，基于世界投入产出框架构建了全球产业转移价值量测度模型，该模型能够克服现有指标的局限性，系统测度各经济体、各行业参与的国际产业转移规模和方向。基于全球产业转移价值量测度模型，我们在第 2 章对 2000～2007 年的国际制造业产业转移进行了测算和分析，为该模型的实证应用提供了一个基础范例，也为第 3 章的国际产业转移演变分析提供了参考基准。

第 3 章：离岸生产？回岸生产？生产再离岸？全球制造业产业布局的演变分析。在这一章里，我们在全球产业转移价值量测度模型的基础上，进一步提出了同时测度三种互相竞争的产业转移模式（离岸生产、回岸生产、生产再离岸）的对应规模的系统方法，为全球产业布局演变中各类产业转移模式在生产阶段维度、行业维度、经济体维度和地理维度的特征的定量分析提供了数据基础。基于这一方法，第 3 章对 2007～2014 年全球产业布局演变进行了实证刻画，对基于现有文献的国际制造业产业布局演变假说进行了定量检验。

第 4 章：中国典型制造业国际转移路径的演变分析。自 2018 年 3 月美国总统特朗普宣布将对自中国进口商品加征额外关税以来，中美经贸摩擦持续至今。其中，"计算机、电子和光学产品制造业"和"纺织业"是受外部冲击影响的典型制造业。因此，我们在第 4 章基于全球产业转移价值量测度模型的核算结果，对中国这两个行业在 2000～2014 年的产业转移路径进行梳理，进而根据产业转移路径的变化就这两个行业应对中美贸易摩擦的策略给出具体建议。

第 5 章：产业梯度系数能够准确揭示产业转移方向吗？产业梯度系数已经成为国内学者对产业转移进行规划研究的重要分析工具。然而，关于产业梯度系数能否准确揭示产业转移方向这一问题却从未得到验证，一旦不能，可能会严重影响相关研究成果。因此，我们在第 5 章基于全球产业转移价值量的核算结果，对产业梯度系数的准确性进行了验证，并对造成偏误的原因进行了探究。研究结果夯实了产业梯度系数在产业转移规划研究中的应用价值。

第 6 章：百年未有之大变局下国际产业转移的新趋势。当前，世界正在经历百年未有之大变局，全球产业布局和全球价值链加速重构，与此同时，中国也适时提出要构建"双循环"新发展格局，深化区域间协同发展。因此，国际产业转移将迎来新的发展趋势。我们在第 6 章对国际产业转移的新趋势进行了探讨，认为未来国际产业转移将呈现区域化、智能化、绿色化和服务化的特征，将提高中国国内区域间产业梯度转移的速度。我们从不同的角度解析了中国在这些产业转移新趋势中面临的主要风险与潜在机遇，提出了相应的政策建议，以期能为中国中长期的国内外产业布局战略部署提供一定参考。

第 2 章

全球产业转移价值量测度模型

2.1 现有的产业转移测度方法

总体来看，现有的产业转移测度指标大体上可以分为三类，分别是基于企业调研的测度指标、基于产业分布的测度指标和基于投入产出的测度指标。其中基于企业调研的测度指标主要对应狭义的产业转移研究视角，而基于产业分布的测度指标和基于投入产出的测度指标则主要对应广义的产业转移研究视角。

2.1.1 基于企业调研的测度指标

基于企业调研的测度指标通过计算调研企业中产业转移案例的数量和比重来体现产业转移的规模。例如，Jensen 和 Pedersen（2012）发现 1504 家位于丹麦东部的企业中有 22%的企业曾进行过离岸生产决策。Brennan 等（2015）指出 1594 家德国制造业企业中仅有 2%的企业在 2010~2012 年进行过回岸生产。此外，也有部分基于企业调研的测度指标基于财务数据估计单个企业的产业转移程度。例如，Yamamura 等（2003）采用国外收益占总收益的比例作为产业转移的代理变量，并证实了"从日本向中国的产业转移为日本 Bingo 地区的服装企业创收做出了显著贡献"。

基于企业调研的产业转移测度指标通常比较直观，而且能够与企业信息和财务数据等进行链接从而反映产业转移的决策动机。因此，这类指标在微观层面的产业转移研究中被广泛采用。然而，由于不同地区不同行业的调研数据通常来自不同的研究项目，这些数据在不同地区或不同时间段的数据可得性和样本代表性通常存在一定程度的差异，从而降低了数据可比性。因此，基于企业调研的测度指标通常被认为是"传闻证据"（anecdotal evidence）（de Backer et al., 2016），难以对国际产业转移进行系统的全景刻画。

2.1.2 基于产业分布的测度指标

基于产业分布的测度指标通过捕捉产业分布的变化来体现产业转移的方向，

其中，区位商（location quotient）是被广泛应用的指标（Fracasso and Marzetti，2018）。区位商最初被用来衡量某一区域在给定行业的专业化程度，此后也被用于衡量行业的集中度，而其年度间变化也被解释为产业转移的揭示指标（Carroll et al.，2008）。Chen 等（2018）将"产业转移指数"定义为区位商在不同年度间的差分。他们发现低附加值行业（如"食品和饮料业""纺织业"）在 2002~2013 年逐渐从中国东部地区向西部地区转移，而高科技行业（如"机械制造业"）的区域间产业转移则呈相反的方向。除了区位商外，诸如赫芬达尔系数、基尼系数、区域产业竞争力指数等指标也均可被归属为基于产业分布的测度指标（陈建军，2007；张公嵬和梁琦，2010；靳卫东等，2016）。

然而，基于产业分布的测度指标存在两大不可忽视的局限性。第一，这些指标对区域规模（如面积、人口、产量等）高度敏感，在不同地区的区域规模存在较大差异时可能会减弱指标的解释力度，因此较少被应用于国际产业转移的实证研究（Mulligan and Schmidt，2005）。第二，这些指标难以区分造成变化的原因是来自产业转移还是经济增长，因此存在刻画出"伪产业转移"的可能，特别是当不同地区的生产技术存在较大差异时（详见附录 A）。

2.1.3 基于投入产出的测度指标

顾名思义，基于投入产出的测度指标是基于投入产出数据进行计算得到的。Feenstra 和 Hanson（1999）利用进口投入在总成本中的占比来刻画离岸生产的程度，他们发现美国所有行业的平均离岸生产程度从 1972 年的 5.3%上涨至 1990 年的 11.6%。与之相反，Krenz 和 Strulik（2021）利用本土和进口投入比率的变化来度量回岸生产，他们发现 2008 年全球金融危机后世界范围内回岸生产的强度有所上升。上述两个指标展现了基于投入产出的测度指标的基本逻辑，即对进口商品和服务依赖程度进行估计并衡量其年度间变化。

随着世界投入产出表（world input-output table，WIOT）的普及和全球价值链测算模型的不断发展，贸易增加值（trade in value added，TiVA）指标也逐渐被用于捕捉国际产业转移的演变历程（Hummels et al.，2001；Johnson and Noguera，2012；Koopman et al.，2014；Los et al.，2016；Wang et al.，2022）。与 Feenstra 和 Hanson（1999）、Krenz 和 Strulik（2021）提出的指标相比，贸易增加值指标因为应用了投入产出模型从而能够体现产业转移对产业链的整体影响。基于贸易增加值指标，Los 等（2015）发现自 1995 年以来，各个国家的最终产品生产中来自所属区域外的增加值份额的增长是其国外增加值比重增长的主要原因，说明区域化的产业转移模式正逐渐转型为全球化产业转移模式。Guilhoto 等（2019）发现北美、欧盟和东亚及东南亚地区的生产中，来自东亚和东南亚地区的增加值占比在 2005~2015 年持续升高。这一结果主要受中国持续承接国际产业转移以及随之产生的中国在国际贸易中的持续增长所影响。然而，全球价值链中不同生产环节的价值捕获能力存在较大差别（这一现象也被称为"微笑曲线"）(Meng et al., 2020)，并且发达经济体通常倾向于把控高附加值生产环节（如研发和销售）并对低附加值环节（如组装加工）开展国际产业转移(Heintz, 2006; Caraballo and Jiang, 2016)。因此，聚焦于增加值分布的贸易增加值指标在应用于国际产业转移测度时可能存在一定程度的偏差。

另外，Fan 和 Liu（2021）、刘红光等（2011）从产出角度出发提出了一种基于投入产出的测度指标。然而，他们的模型方法中所隐含的产业转移定义和传统的反映空间结构变化的产业转移定义存在较大的出入（详见附录 B）。定义的偏差也将导致产业转移规模测度结果的误差。

2.2 构建全球产业转移价值量测度模型

在延续基于投入产出测度指标的基本逻辑的基础上，作者在世界投入产出框架下提出了一套系统测度国际产业转移规模和方向的新模型方法。在该模型方法中，国际产业转移被细分为三类，分别是中间投入驱动型产业转移、最终产品驱动型产业转移、由最终产品驱动型产业转移引发的间接中间投入产业转移。不失一般性，本节以 M 国世界投入产出表为例介绍这一测度模型的建模过程。

假设全世界共有 M 个国家，每个国家有 N 个行业，且各个国家各个行业之间的投入产出关系如表 2.1 所示。那么，在表 2.1 中，$N \times N$ 维矩阵 Z_{rs} 表示 r 国对 s 国的中间投入流量矩阵；$N \times 1$ 维向量 f_{rs} 代表由 r 国生产并被 s 国消费的最终产品；$N \times 1$ 维向量 v_r 代表 r 国各行业的增加值；$'$ 代表矩阵/向量的转置；$N \times 1$ 维向量 x_r 代表 r 国各行业的总产出，且总投入等于总产出。

表 2.1　M 国世界投入产出表

投入来源	中间使用					最终需求					总产出
	国家1	…	国家 r	…	国家 m	国家1	…	国家 r	…	国家 m	
国家1	Z_{11}	…	Z_{1r}	…	Z_{1m}	f_{11}	…	f_{1r}	…	f_{1m}	x_1
⋮	⋮		⋮		⋮	⋮		⋮		⋮	⋮
国家 r	Z_{r1}	…	Z_{rr}	…	Z_{rm}	f_{r1}	…	f_{rr}	…	f_{rm}	x_r
⋮	⋮		⋮		⋮	⋮		⋮		⋮	⋮
国家 m	Z_{m1}	…	Z_{mr}	…	Z_{mm}	f_{m1}	…	f_{mr}	…	f_{mm}	x_m
增加值	v_1'	…	v_r'	…	v_m'						
总投入	x_1'	…	x_r'	…	x_m'						

2.2.1 中间投入驱动型产业转移

中间投入驱动型产业转移（表示为 $\mathrm{re}_{ri,sj}^{1}$）[①]指的是 s 国 j 行业生产中所使用的中间产品的空间供给结构变化所导致的 r 国 i 行业的中间产品产业转移价值量。

根据表 2.1 计算可得 r 国对 s 国的直接投入系数矩阵为 $A_{rs} = Z_{rs}\hat{x}_s^{-1}$[②]。记 $MN \times MN$ 维矩阵 $A = \begin{pmatrix} A_{11} & \cdots & A_{1m} \\ \vdots & & \vdots \\ A_{m1} & \cdots & A_{mm} \end{pmatrix}$ 为全球直接投入系数矩阵，$MN \times 1$ 维向量 $f = \begin{pmatrix} \sum_s f_{1s} \\ \vdots \\ \sum_s f_{ms} \end{pmatrix}$ 为全球最终产品生产向量。记 t_0 为基期，t_1 为报告期。如果报告期最终产品（f_{t_1}）在基期生产，则根据传统的里昂惕夫投入产出模型（Leontief，1986；Miller and Blair，2009）可计算得出理论上所需要的中间投入为

$$C_{t_0} = [(I - A_{t_0})^{-1} - I]\hat{f}_{t_1} \tag{2.1}$$

其中，$MN \times MN$ 维矩阵 $C_{t_0} = (c_{ri,sj}^{t_0})$ 为按照基期全球直接投入系数 A_{t_0} 生产 s 国 j 行业的报告期最终产品（f_{t_1}）所完全消耗的 r 国 i 行业的中间投入。同理，计算：

$$C_{t_1} = [(I - A_{t_1})^{-1} - I]\hat{f}_{t_1} \tag{2.2}$$

其中，$MN \times MN$ 维矩阵 $C_{t_1} = (c_{ri,sj}^{t_1})$ 为按照报告期全球直接投入系数 A_{t_1} 生产 s 国 j 行业的报告期最终产品（f_{t_1}）所真实消耗的 r 国 i 行业的中间投入。那么 $C_{t_1} - C_{t_0}$ 代表全球直接投入系数从 A_{t_0} 到 A_{t_1} 的变化所导致的中间产品产出的变化。

全球直接投入系数的变化可能源于两个原因。一是不同类型投入品之间的相互替代，如自动化生产设备替代劳动力投入，又如核能替代化石能源等。二是各类中间投入的空间供给结构的变化，如 r 国钢冶炼行业的煤炭产品供给从 r 国转变为 s 国。第二个方面即中间投入驱动型产业转移，因此，我们需要从 $C_{t_1} - C_{t_0}$ 中分离出由第二个方面所导致的部分。

将 C_t（$t = t_0$ 或 t_1）表示为 $(C_1^t \cdots C_r^t \cdots C_m^t)'$，其中 $N \times MN$ 维子矩阵 C_r^t 为按照全球直接投入系数 A_t 生产报告期最终产品 f_{t_1} 所完全消耗的来自 r 国的中间投入。那么，$N \times MN$ 维矩阵 $C_t^* = \sum_r C_r^t$ 就代表来自全世界的各行业总中间投入。

[①] 下标 i 和 j 均代指行业，下同。
[②] ^ 表示向量的对角化。

由此，我们可以计算得到[①]

$$R_r^t = C_r^t./C_t^*, \quad t = t_0, t_1 \tag{2.3}$$

其中，$N \times MN$ 维矩阵 R_r^t 为在全球直接投入系数 A_t 的条件下，来自全世界的各行业总中间投入中由 r 国供给的比重。那么，$MN \times MN$ 维矩阵 $R_t = (R_1^t \cdots R_r^t \cdots R_m^t)'$ 就为全球各国的中间投入供给份额矩阵。因此，$C_{t_1} - C_{t_0}$ 可以被分解为[②]

$$C_{t_1} - C_{t_0} = \begin{pmatrix} (C_{t_1}^* - C_{t_0}^*) \circ R_1^{t_0} \\ \vdots \\ (C_{t_1}^* - C_{t_0}^*) \circ R_m^{t_0} \end{pmatrix} + \begin{bmatrix} C_{t_1} - \begin{pmatrix} C_{t_1}^* \circ R_1^{t_0} \\ \vdots \\ C_{t_1}^* \circ R_m^{t_0} \end{pmatrix} \end{bmatrix} \tag{2.4}$$

式（2.4）中等号右边的第一项 $\begin{pmatrix} (C_{t_1}^* - C_{t_0}^*) \circ R_1^{t_0} \\ \vdots \\ (C_{t_1}^* - C_{t_0}^*) \circ R_m^{t_0} \end{pmatrix}$ 对应不同类型投入品之间的相

互替代，而第二项 $\begin{bmatrix} C_{t_1} - \begin{pmatrix} C_{t_1}^* \circ R_1^{t_0} \\ \vdots \\ C_{t_1}^* \circ R_m^{t_0} \end{pmatrix} \end{bmatrix} = \begin{pmatrix} C_{t_1}^* \circ (R_1^{t_1} - R_1^{t_0}) \\ \vdots \\ C_{t_1}^* \circ (R_m^{t_1} - R_m^{t_0}) \end{pmatrix}$ 则对应各类中间投入的空间

供给结构的变化，即为中间投入驱动型产业转移的测算结果，即

$$\text{RE1} = (\text{re}_{ri,sj}^1)_{MN \times MN} = \begin{bmatrix} C_{t_1} - \begin{pmatrix} C_{t_1}^* \circ R_1^{t_0} \\ \vdots \\ C_{t_1}^* \circ R_m^{t_0} \end{pmatrix} \end{bmatrix} \tag{2.5}$$

其中，$\text{re}_{ri,sj}^1$ 为 s 国 j 行业生产中所使用的中间产品的空间供给结构变化所导致的 r 国 i 行业的中间产品产业转移价值量。如果 $\text{re}_{ri,sj}^1 > 0$，那就说明 s 国 j 行业生产中所使用的中间产品的空间供给结构变化导致 i 行业中间产品产能转入 r 国。相反地，如果 $\text{re}_{ri,sj}^1 < 0$，则说明 i 行业中间产品产能从 r 国转出。

图 2.1 提供了一个具体算例来帮助理解中间投入驱动型产业转移的建模逻辑[③]。

---

① 式（2.3）中，./ 为两个相同尺寸矩阵对应位置元素相除的运算符，下同。例如，令 $C_r^t = \begin{pmatrix} 1 & 2 \\ 3 & 4 \end{pmatrix}$ 且 $C_t^* = \begin{pmatrix} 2 & 3 \\ 4 & 5 \end{pmatrix}$，则 $R_r^t = C_r^t./C_t^* = \begin{pmatrix} \frac{1}{2} & \frac{2}{3} \\ \frac{3}{4} & \frac{4}{5} \end{pmatrix}$。

② 式（2.4）中，∘ 为矩阵的哈达玛积（hadamard product），即为两个相同尺寸的矩阵对应元素相乘的运算符，下同。

③ 本书提出的全球产业转移价值量测度模型的建模思路与反事实分析有一定相似之处。

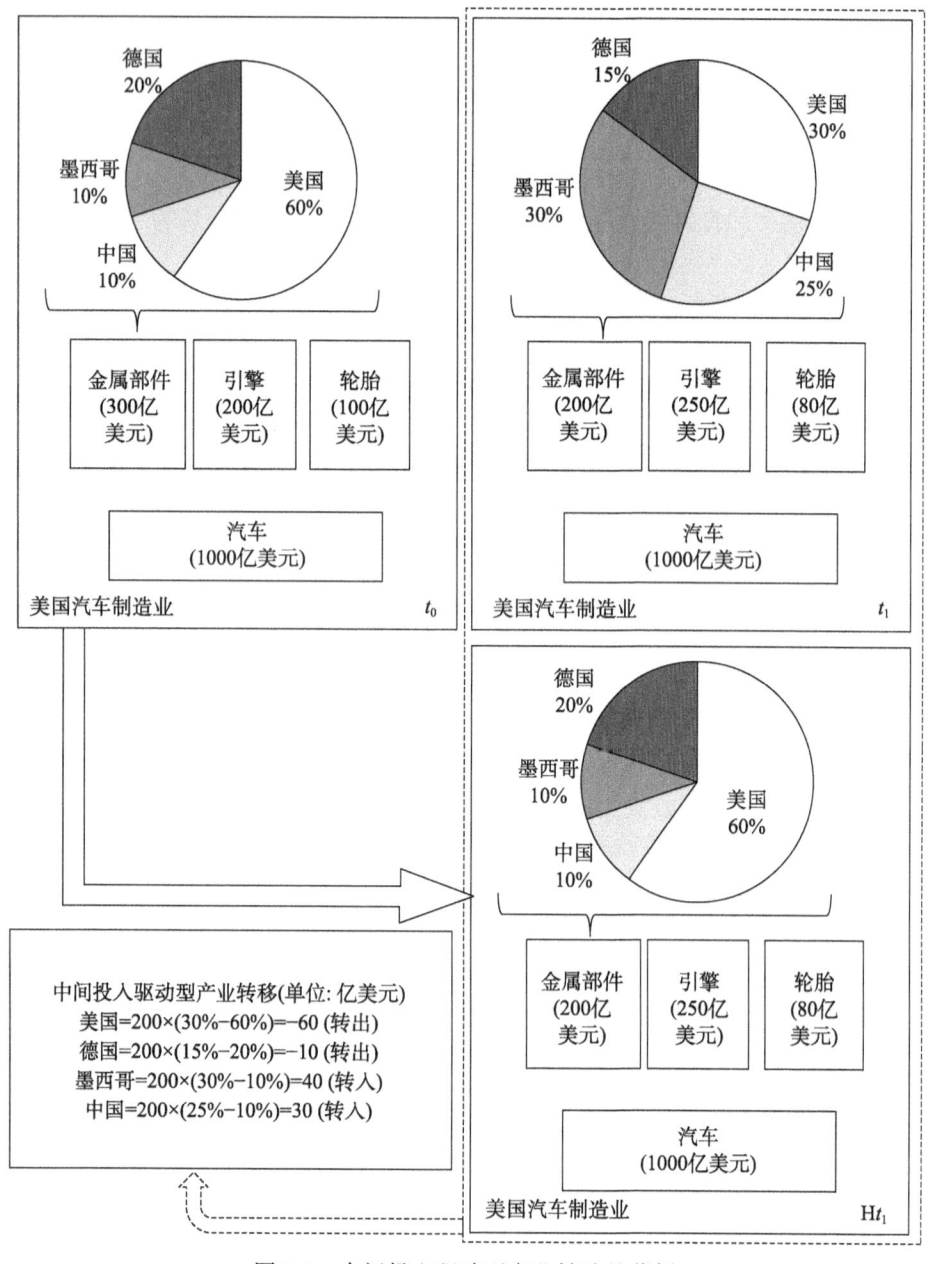

图 2.1 中间投入驱动型产业转移的范例

假设在 t_0 年，美国汽车制造业共生产了 1000 亿美元的汽车，这一生产需要 300 亿美元的金属部件的完全中间投入，其中，60%的金属部件由美国自己供给，10%来自中国，10%来自墨西哥，其余 20%来自德国。假设在 t_1 年，美国汽车制造业又生产 1000 亿美元的汽车，但由于技术的演变，这一生产现在需要 200 亿美元的金属部件的完全中间投入。由于金属部件的产业转移，在 t_1 年 30%的金属部件由美国自己供给，25%来自中国，30%来自墨西哥，其余15%来自德国。如果我们设定金属部件的供应商与t_0年保持一致（即排除产业转移的影响），但同时保留所有其他的变化（如技术的演变），并将这一虚拟情景设定为Ht_1。则t_1的真实情况和Ht_1的区别即产业转移造成的影响，也即本节所定义的中间投入驱动型产业转移。

2.2.2 最终产品驱动型产业转移

最终产品驱动型产业转移（表示为$\text{re}^2_{ri,sj}$）指的是s国消费的j行业最终产品的空间供给结构变化所导致的r国i行业的最终产品产业转移价值量。

记$MN \times 1$维向量$\mathbf{ff} = \begin{pmatrix} \mathbf{ff}_1 \\ \vdots \\ \mathbf{ff}_m \end{pmatrix} = \begin{pmatrix} \sum_r f_{r1} \\ \vdots \\ \sum_r f_{rm} \end{pmatrix}$为全球最终产品消费向量①。记$MN \times MN$维矩阵$\mathbf{FC}$为全球最终产品消费中来自各个国家的供给比例，即

$$\mathbf{FC} = \begin{pmatrix} \widehat{f_{11}./\mathbf{ff}_1} & \cdots & \widehat{f_{1m}./\mathbf{ff}_m} \\ \vdots & & \vdots \\ \widehat{f_{m1}./\mathbf{ff}_1} & \cdots & \widehat{f_{mm}./\mathbf{ff}_m} \end{pmatrix} \quad (2.6)$$

那么，最终产品驱动型产业转移可计算为

$$\text{RE2} = (\text{re}^2_{ri,sj})_{MN \times MN} = (\mathbf{FC}_{t_1} - \mathbf{FC}_{t_0})\widehat{\mathbf{ff}_{t_1}} \quad (2.7)$$

其中，$\text{re}^2_{ri,sj}$为s国消费的j行业最终产品的空间供给结构变化所导致的r国i行业的最终产品产业转移价值量。如果$\text{re}^2_{ri,sj} > 0$，那就说明s国消费的j行业最终产品的空间供给结构变化导致i行业最终产品产能转入r国。相反地，如果$\text{re}^2_{ri,sj} < 0$，则说明i行业最终产品产能从r国转出。显然，当行业i和行业j不同时，$\text{re}^2_{ri,sj} = 0$。

图2.2提供了一个具体算例来帮助理解最终产品驱动型产业转移的建模逻辑。假设在t_0年，美国的汽车市场共出售1000亿美元的汽车（即美国对汽车的最终需求为1000亿美元）。其中50%由美国自己供给，30%自德国进口，20%自墨西哥进口。假设在t_1年，随着经济的发展，美国的汽车市场规模增长至2000亿美元。由于汽车行业的产业转移，在t_1年20%的汽车由美国自己供给，20%自德国进口，

---

① 请留意向量$\mathbf{ff}$与$f = \begin{pmatrix} \sum_s f_{1s} \\ \vdots \\ \sum_s f_{ms} \end{pmatrix}$的差别，前者为全球最终产品消费向量而后者为全球最终产品生产向量。

60%自墨西哥进口。在虚拟情景 Ht_1 中，同样设定美国市场中的汽车供应商与 t_0 年保持一致（即排除产业转移的影响），但同时保留所有其他的变化（如汽车需求的增长）。则 t_1 年的真实情况和 Ht_1 的区别即产业转移造成的影响，也就是本节所定义的最终产品驱动型产业转移。

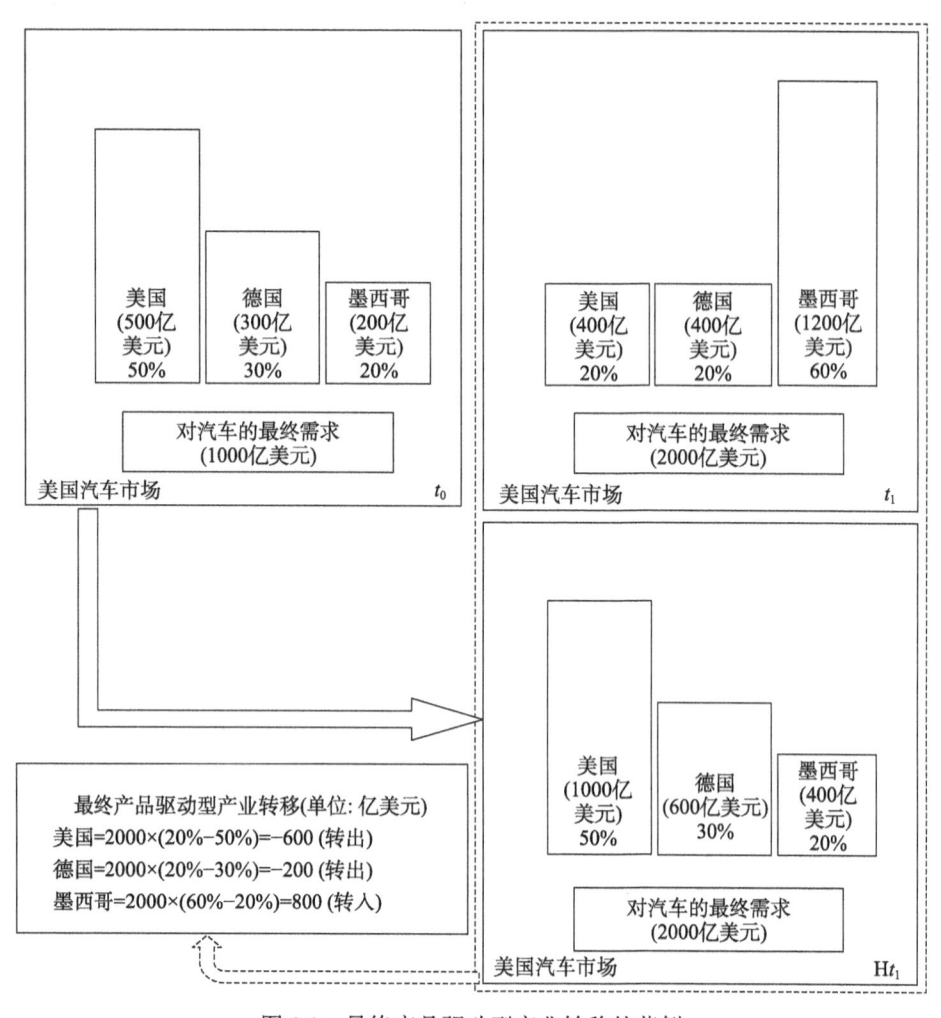

图 2.2　最终产品驱动型产业转移的范例

2.2.3　由最终产品驱动型产业转移引发的间接中间投入产业转移

不同地区的最终产品生产依赖于不同的国际国内中间产品供应链。因此，最终产品驱动型产业转移同样影响着其上游中间投入的空间布局。基于传统的里昂惕夫投入产出模型，由最终产品驱动型产业转移引发的中间产品的产出变化为

$$\text{RE3} = (\text{re}^3_{ri,sj})_{MN \times MN} = ((\boldsymbol{I} - \boldsymbol{A}_{t_0})^{-1} - \boldsymbol{I})\text{RE2} \tag{2.8}$$

其中，$\text{re}_{ri,sj}^3$ 为 s 国消费的 j 行业最终产品的空间供给结构变化所导致的 r 国 i 行业的中间产品产业转移价值量，即由最终产品驱动型产业转移引发的间接中间投入产业转移。如果 $\text{re}_{ri,sj}^3 > 0$，那就说明 s 国消费的 j 行业最终产品的空间供给结构变化导致 i 行业中间产品产能转入 r 国。相反地，如果 $\text{re}_{ri,sj}^3 < 0$，则说明 i 行业中间产品产能从 r 国转出。

图 2.3 同样提供了一个具体算例来帮助理解由最终产品驱动型产业转移引发的间接中间投入产业转移的建模逻辑。在图 2.2 所提供的示例中，美国汽车市场的空间供给结构变化共导致 600 亿美元和 200 亿美元的汽车生产分别自美国和德国转出，并同时导致 800 亿美元的汽车生产转入墨西哥。在此基础上，假设美国、德国、墨西哥每 1 亿美元的汽车生产分别需要 0.01 亿美元、0.02 亿美元和 0.03 亿美元的中国金属部件的完全中间投入，则汽车生产自美国和德国的转出将减少中国金属部件的生产，而向墨西哥的转入则将增加中国金属部件的生产。总的来看，图 2.2 所提供的示例中美国汽车市场所导致的产业转移共将导致 14 亿美元的金属部件中间产品生产间接转入中国。

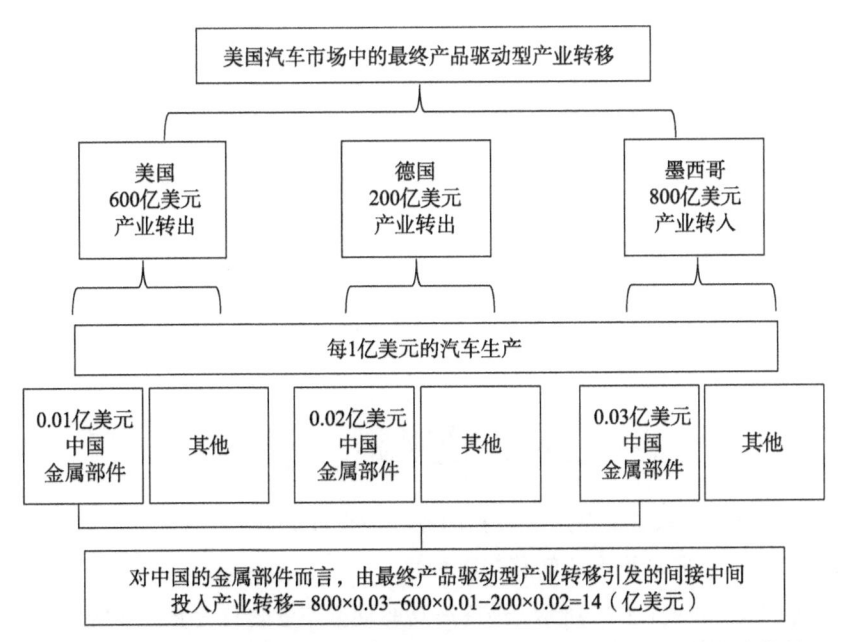

图 2.3 由最终产品驱动型产业转移引发的间接中间投入产业转移的范例

2.2.4 中间投入驱动型和最终产品驱动型产业转移的零和性

定义 {+} 为国际产业转移承接地的集合，{−} 为国际产业转移来源地的集合，那么零和性指的是对于中间投入驱动型（$\text{RE1} = (\text{re}_{ri,sj}^1)_{MN \times MN}$）和最终产品驱动型产业转移（$RE2 = (\text{re}^2_{ri,sj})_{MN \times MN}$），必有以下等式分别成立：

$$\left|\sum_{r \in \{+\}} \text{re}^1_{ri,sj}\right| = \left|\sum_{r \in \{-\}} \text{re}^1_{ri,sj}\right|, \quad \forall i,s,j \tag{2.9}$$

$$\left|\sum_{r \in \{+\}} \text{re}^2_{ri,sj}\right| = \left|\sum_{r \in \{-\}} \text{re}^2_{ri,sj}\right|, \quad \forall i,s,j \tag{2.10}$$

零和性的数理证明如下。

1) 中间投入驱动型产业转移的零和性

如式（2.1）~式（2.5）所示，中间投入驱动型产业转移为 $RE1 = (\text{re}^1_{ri,sj})_{MN \times MN} =$

$\left[\boldsymbol{C}_{t_1} - \begin{pmatrix} \boldsymbol{C}^*_{t_1} \circ \boldsymbol{R}^{t_0}_1 \\ \vdots \\ \boldsymbol{C}^*_{t_1} \circ \boldsymbol{R}^{t_0}_m \end{pmatrix} \right] = \begin{pmatrix} \boldsymbol{C}^*_{t_1} \circ (\boldsymbol{R}^{t_1}_1 - \boldsymbol{R}^{t_0}_1) \\ \vdots \\ \boldsymbol{C}^*_{t_1} \circ (\boldsymbol{R}^{t_1}_m - \boldsymbol{R}^{t_0}_m) \end{pmatrix}$。因此，给定 i,s,j，对于任意 r，$\text{re}^1_{ri,sj}$ 为对应

子矩阵 $\boldsymbol{C}^*_{t_1} \circ (\boldsymbol{R}^{t_1}_r - \boldsymbol{R}^{t_0}_r)$ 处于相同位置的元素。由于：

$$\sum_r \boldsymbol{C}^*_{t_1} \circ (\boldsymbol{R}^{t_1}_r - \boldsymbol{R}^{t_0}_r) = \boldsymbol{C}^*_{t_1} \circ \left(\sum_r \boldsymbol{R}^{t_1}_r - \sum_r \boldsymbol{R}^{t_0}_r\right) = \boldsymbol{C}^*_{t_1} \circ (\boldsymbol{1} - \boldsymbol{1}) = \boldsymbol{0} \tag{2.11}$$

其中，$\boldsymbol{1} = (1)_{N \times MN}$ 为全部由数字 1 构成的矩阵；$\boldsymbol{0} = (0)_{N \times MN}$ 为全部由数字 0 构成的矩阵。因此，对于任意 i,s,j，$\sum_r \text{re}^1_{ri,sj} = 0$。由于 $\{+\}$ 和 $\{-\}$ 分别为国际产业转移承接地和来源地的集合，即如果 $r \in \{+\}$ 则 $\text{re}^1_{ri,sj} > 0$，如果 $r \in \{-\}$ 则 $\text{re}^1_{ri,sj} < 0$。因此：

$$\sum_r \text{re}^1_{ri,sj} = \left|\sum_{r \in \{+\}} \text{re}^1_{ri,sj}\right| - \left|\sum_{r \in \{-\}} \text{re}^1_{ri,sj}\right| = 0, \quad \forall i,s,j \tag{2.12}$$

$$\left|\sum_{r \in \{+\}} \text{re}^1_{ri,sj}\right| = \left|\sum_{r \in \{-\}} \text{re}^1_{ri,sj}\right|, \quad \forall i,s,j$$

由此，中间投入驱动型产业转移的零和性得证。

2) 最终产品驱动型产业转移的零和性

如式（2.6）和式（2.7）所示，最终产品驱动型产业转移为 $RE2 = (\text{re}^2_{ri,sj})_{MN \times MN} =$

$(\boldsymbol{FC}_{t_1} - \boldsymbol{FC}_{t_0})\widehat{\boldsymbol{ff}_{t_1}}$，其中，$\boldsymbol{FC}_t = \begin{pmatrix} \widehat{f^t_{11}./\boldsymbol{ff}^t_1} & \cdots & \widehat{f^t_{1m}./\boldsymbol{ff}^t_m} \\ \vdots & & \vdots \\ \widehat{f^t_{m1}./\boldsymbol{ff}^t_1} & \cdots & \widehat{f^t_{mm}./\boldsymbol{ff}^t_m} \end{pmatrix}$。记 $\boldsymbol{FC}^t_r = (\widehat{f^t_{r1}./\boldsymbol{ff}^t_1} \cdots \widehat{f^t_{rm}./\boldsymbol{ff}^t_m})$，

则给定 i,s,j，对于任意 r，$\text{re}^2_{ri,sj}$ 为对应子矩阵 $(\boldsymbol{FC}^{t_1}_r - \boldsymbol{FC}^{t_0}_r)\widehat{\boldsymbol{ff}_{t_1}}$ 处于相同位置的元

素。$\sum_r \mathbf{FC}_r^t = \left(\widehat{\sum_r f_{r1}^t ./ \mathbf{ff}_1^t} \quad \cdots \quad \widehat{\sum_r f_{rm}^t ./ \mathbf{ff}_m^t} \right) = (\hat{1} \quad \cdots \quad \hat{1})$，因此：

$$\sum_r (\mathbf{FC}_r^{t_1} - \mathbf{FC}_r^{t_0}) \times \widehat{\mathbf{ff}_{t_1}} = ((\hat{1} \quad \cdots \quad \hat{1}) - (\hat{1} \quad \cdots \quad \hat{1})) \times \widehat{\mathbf{ff}_{t_1}} = 0 \quad (2.13)$$

即对于任意 i, s, j，$\sum_r \mathrm{re}_{ri,sj}^2 = 0$。同样的，由于 $\{+\}$ 和 $\{-\}$ 分别为国际产业转移承接地和来源地的集合，即如果 $r \in \{+\}$ 则 $\mathrm{re}_{ri,sj}^2 > 0$，如果 $r \in \{-\}$ 则 $\mathrm{re}_{ri,sj}^2 < 0$。因此，

$$\sum_r \mathrm{re}_{ri,sj}^2 = \left| \sum_{r \in \{+\}} \mathrm{re}_{ri,sj}^2 \right| - \left| \sum_{r \in \{-\}} \mathrm{re}_{ri,sj}^2 \right| = 0，\quad \forall i, s, j \quad (2.14)$$

$$\left| \sum_{r \in \{+\}} \mathrm{re}_{ri,sj}^2 \right| = \left| \sum_{r \in \{-\}} \mathrm{re}_{ri,sj}^2 \right|，\quad \forall i, s, j$$

由此，最终产品驱动型产业转移的零和性得证。

请注意，由于各地区最终产品的上游产业链或生产技术存在异质性，生产同类最终产品所需要的上游原材料各有不同。因此，由最终产品驱动型产业转移引发的间接中间投入产业转移不具备零和性。

2.2.5 "国家×行业"维度的产业转移价值量的整合

2.2.1 节至 2.2.3 节的全球产业转移价值量测算模型所输出的测算结果为"国家×行业"×"国家×行业"格式。然而，在大多数实证研究中，各个国家各个行业的产业规模更受研究者的关注。因此，我们需要将 2.2.1 节至 2.2.3 节的测算结果整合至"国家×行业"维度。

$$\mathrm{M4M}_{ri}^+ = \left| \sum_s \sum_{j \in \{r,i,s,+\}} \mathrm{re}_{ri,sj}^1 \right|，\quad \{r,i,s,+\} = \{j | \mathrm{re}_{ri,sj}^1 > 0, r, i, s\} \quad (2.15)$$

$$\mathrm{M4M}_{ri}^- = \left| \sum_s \sum_{j \in \{r,i,s,-\}} \mathrm{re}_{ri,sj}^1 \right|，\quad \{r,i,s,-\} = \{j | \mathrm{re}_{ri,sj}^1 < 0, r, i, s\} \quad (2.16)$$

$$\mathrm{F4F}_{ri}^+ = \left| \sum_s \sum_{j \in \{r,i,s,+\}} \mathrm{re}_{ri,sj}^2 \right|，\quad \{r,i,s,+\} = \{j | \mathrm{re}_{ri,sj}^2 > 0, r, i, s\} \quad (2.17)$$

$$\mathrm{F4F}_{ri}^- = \left| \sum_s \sum_{j \in \{r,i,s,-\}} \mathrm{re}_{ri,sj}^2 \right|，\quad \{r,i,s,-\} = \{j | \mathrm{re}_{ri,sj}^2 < 0, r, i, s\} \quad (2.18)$$

$$\mathrm{F4M}_{ri}^+ = \left| \sum_s \sum_{j \in \{r,i,s,+\}} \mathrm{re}_{ri,sj}^3 \right|，\quad \{r,i,s,+\} = \{j | \mathrm{re}_{ri,sj}^3 > 0, r, i, s\} \quad (2.19)$$

$$F4M_{ri}^- = \left| \sum_s \sum_{j \in \{r,i,s,-\}} re_{ri,sj}^3 \right|, \quad \{r,i,s,-\} = \{j | re_{ri,sj}^3 < 0, r,i,s\} \quad (2.20)$$

其中，M4M、F4F、F4M 分别为中间投入驱动型产业转移、最终产品驱动型产业转移和由最终产品驱动型产业转移引发的间接中间投入产业转移的加总结果。上标"+"代表转入 r 国的产业转移规模，而上标"-"代表从 r 国转出的产业转移规模[①]。对于给定国家和行业，将产业转入和转出的规模互相抵消后即可得到产业转移净值（差额），如式（2.21）至式（2.23）所示。产业转移"顺差"（差额为正）代表 i 行业总体向 r 国转入，而"逆差"（差额为负）则代表 i 行业总体自 r 国转出。

$$M4M_{ri} = M4M_{ri}^+ - M4M_{ri}^- \quad (2.21)$$

$$F4F_{ri} = F4F_{ri}^+ - F4F_{ri}^- \quad (2.22)$$

$$F4M_{ri} = F4M_{ri}^+ - F4M_{ri}^- \quad (2.23)$$

考虑到中间投入驱动型产业转移和最终产品驱动型产业转移的零和性（详见 2.2.4 节），全球维度 i 行业三类产业转移的总规模分别由式（2.24）至式（2.26）表示[②]：

$$M4M_i = \sum_r M4M_{ri}^+ = \sum_r M4M_{ri}^- \quad (2.24)$$

$$F4F_i = \sum_r F4F_{ri}^+ = \sum_r F4F_{ri}^- \quad (2.25)$$

$$F4M_i = \frac{\left(\sum_r F4F_{ri}^+ + \sum_r F4M_{ri}^- \right)}{2} \quad (2.26)$$

而全球所有行业的三类产业转移总规模由式（2.27）至式（2.29）可得

$$M4M = \sum_i M4M_i \quad (2.27)$$

$$F4F = \sum_i F4F_i \quad (2.28)$$

$$F4M = \sum_i F4M_i \quad (2.29)$$

2.3 2000~2007 年国际制造业产业转移概览

本节将基于世界投入产出数据库（world input-output database，WIOD）发布

[①] 某一具体行业的生产活动可能在转入某一经济体同时从该经济体转出，如苹果公司在将 iPhone 的生产线迁入中国的同时可能将 iPad 的生产线迁出中国。

[②] 请注意，对于任意的产业转移活动，我们的测算结果中会同时有对于产业转移目的地的正值结果和对于产业转移来源地的负值结果。

的2016版世界投入产出表①对2000～2007年制造业国际产业转移格局进行刻画②，同时为第3章的国际产业转移演变分析提供参考基准。在现有文献中，通常认为2000～2007年处于全球化和全球价值链发展的黄金时期。在这一时期，国际产业转移主要呈现为从发达经济体向发展中经济体的离岸外包型产业转移。其中，中国是这一时期（特别是2001年加入世界贸易组织后）最主要的国际产业转移承接国，也由此逐渐成为著名的"世界工厂"。

如图2.4所示，2000～2007年全球制造业产业转移规模达到44 953亿美元，其中，46.7%是中间投入驱动型产业转移（M4M，20 993 亿美元）；33.6%是最终产品驱动型产业转移（F4F，15 104 亿美元）；19.7%是最终产品驱动型产业转移引发的间接中间投入产业转移（F4M，8855亿美元）。2000～2007年全球制造业产业转移规模约为2007年全球制造业总产出的13.6%。其中，全球制造业最终产品和中间产品产业转移分别占全球制造业最终产品和中间产品产出的 13.1%和13.8%。

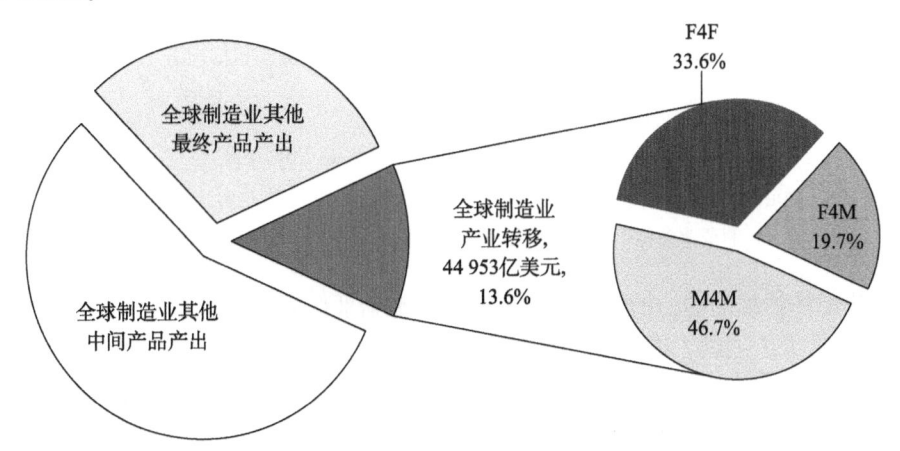

图 2.4　2000～2007年全球制造业产业转移以及2007年全球制造业总产出

全球制造业其他中间产品产出指与产业转移无关的制造业中间产品产出，即全球制造业中间产品总产出扣除M4M和F4M；全球制造业其他最终产品产出指与产业转移无关的制造业最终产品产出，即全球制造业最终产品总产出扣除F4F

从行业维度看，如图 2.5 所示，国际产业转移规模较大且转移规模占总产出比重较高的行业主要集中在技术密集型行业，尤其是"计算机、电子和光学产品制造业"（行业 13）。2000～2007 年，"计算机、电子和光学产品制造业"的国际

---

① 2016版世界投入产出表当前最被广泛应用的世界投入产出表之一。其包含了2000~2014年年度时间序列世界投入产出表，每一年的投入产出表都提供了全球44个经济体（包括43个具体经济体以及世界其他经济体）56个行业之间的价值量交易信息（Timmer et al., 2015, 2016）。本书后续章节中若无特殊说明，数据基础均为2016版世界投入产出表。

② 制造业通常被称为"游弋型"行业（foot loose industries），是国际产业转移中的主要行业。

产业规模达到 8153 亿美元，占制造业国际产业转移总规模的 17.4%，占该行业 2007 年总产出的 29.1%。其中，中间产品产业转移规模达到 4533 亿美元，占该行业中间产品总产出的 26.5%；最终产品产业转移规模达到 3620 亿美元，占该行业最终产品总产出的 33.3%。

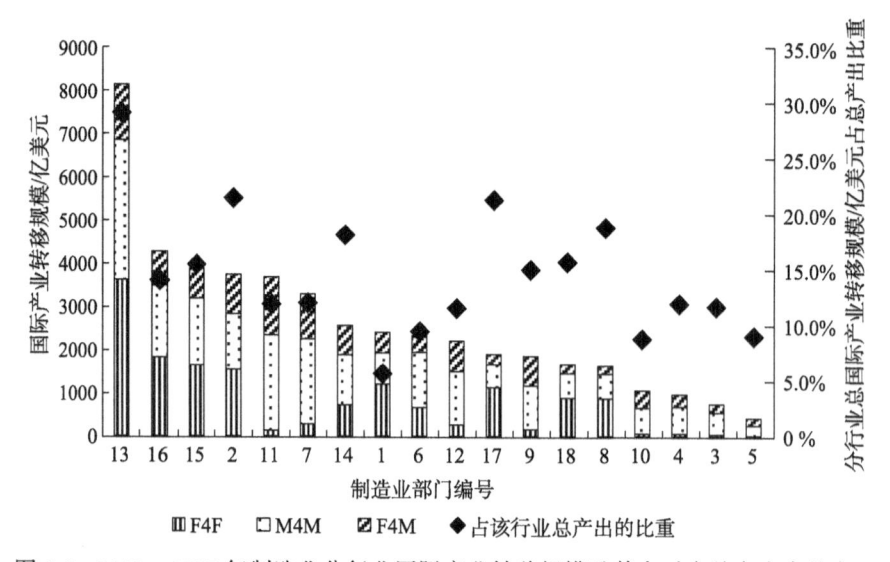

图 2.5 2000~2007 年制造业分行业国际产业转移规模及其在对应总产出中的占比
制造业名称、对应编号和所属行业类型与表 2.2 中列示的一致

从经济体维度看，中国是 2000~2007 年制造业国际产业转移中最具代表性的承接地。2000~2007 年，如图 2.6 所示，中国承接的三类国际产业转移的规模分别达到 6532 亿美元、4603 亿美元和 5036 亿美元，均列世界第一，分别占世界整体的 31%、30% 和 47%。尽管中国同时也是一小部分国际产业转移活动的来源地，但是来自中国的国际产业转移规模要显著小于中国承接的国际产业转移规模。例如，2000~2007 年，来自中国的中间投入驱动型产业转移规模达到 1223 亿美元，名列世界第 5，但这一规模也仅仅为同一时期中国承接的中间投入驱动型产业转移的 18.7%。

另外，2000~2007 年国际产业转移的主要来源地集中在典型的发达经济体。其中，美国是国际制造业产业转移的最大来源地，2000~2007 年，来自美国的三类国际产业转移规模达到了 4508 亿美元、3258 亿美元和 1689 亿美元，分别占世界整体的 21%、22% 和 24%。日本排名第二，来自日本的三类离岸生产活动规模分别占世界整体的 15%、11% 和 15%。来自欧盟 15 国（2000 年以前加入欧盟的成员国）的三类离岸生产活动规模则分别占世界整体的 26%、34% 和 23%。

区分具体行业对各经济体的国际产业转移规模与单位产出强度（由单位就业的产出规模体现）进行相关性分析，其结果佐证了 2000~2007 年的国际产业转移

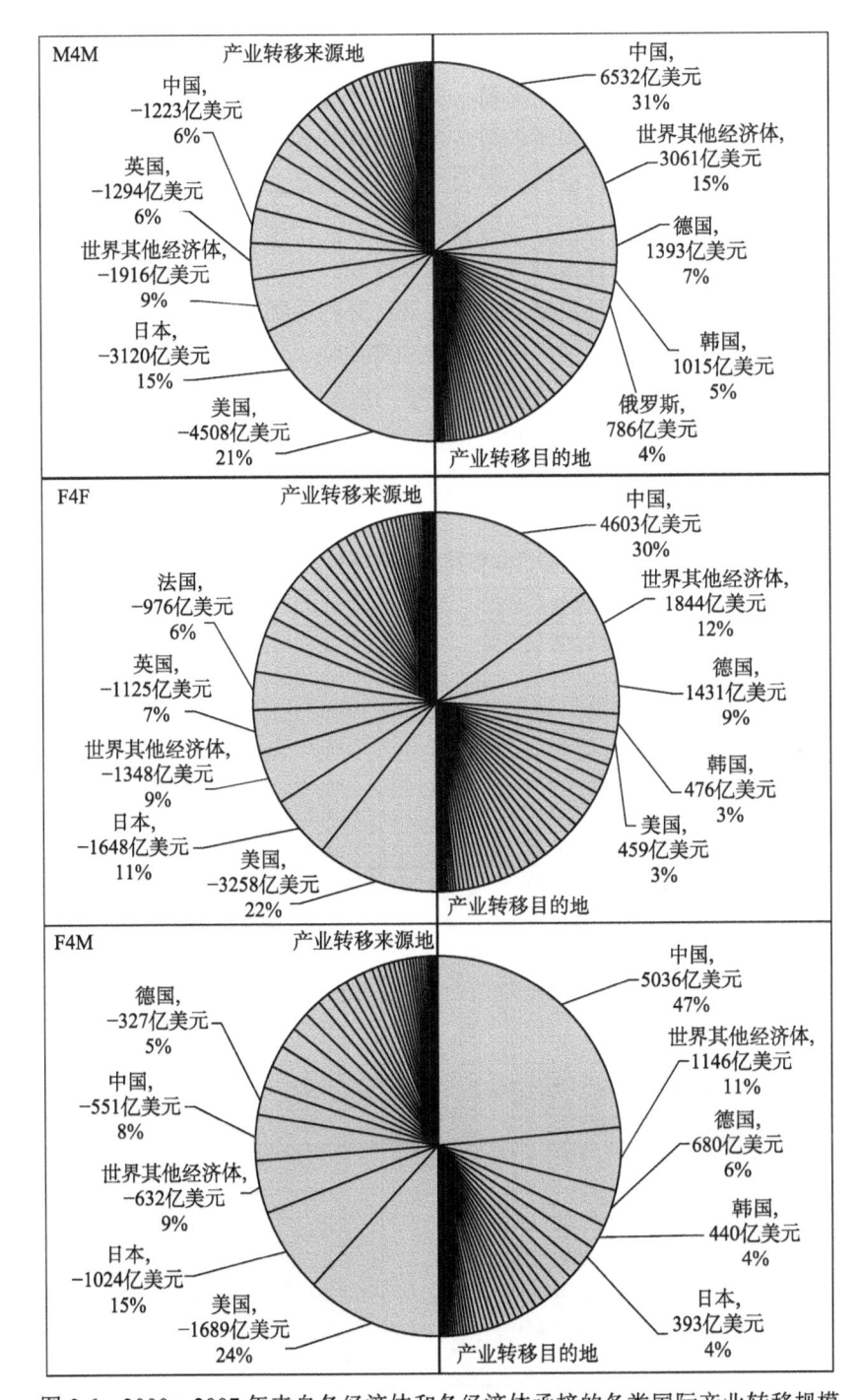

图 2.6 2000~2007 年来自各经济体和各经济体承接的各类国际产业转移规模

1. 图中每一个扇区代表从某一个具体经济体转出的产业转移规模（对应左侧产业转移来源地部分）或向某一个具体经济体转入的产业转移规模（对应右侧产业转移目的地部分）。由于空间有限，图中仅标示出规模排名前 5 的产业转移来源地和目的地。2. 本章中"世界其他经济体"代表未在世界投入产出表中明确列示的其他所有国家或地区的集合

符合全球价值链理论的扩散趋势。如表2.2所示，除了"基本医药产品和制剂制造业"和个别异常值外，无论对于哪一类国际产业转移，各经济体国际产业转移规模与单位产出强度之间均呈现明显的负相关性，即生产活动更倾向于从单位产出强度更高的经济体转出，并转入单位产出强度更低的经济体，从而体现了一种扩散的国际产业转移趋势。分产业转移类型来看，中间投入驱动型产业转移与单位产出强度之间的负相关性要显著高于最终产品。这一结果与中间品贸易的飞速发展以及全球价值链长度的不断增长相一致。分行业类型来看，如果不考虑"基本医药产品和制剂制造业"的异常值，劳动密集型、资本密集型和技术密集型行业的平均相关系数并不存在明显差异。对于"基本医药产品和制剂制造业"来说，对医药产品进口的严格管控及药物生产技术的严格保密性是造成这一行业在全球维度内难以呈现离散的行业布局趋势的潜在解释。

表2.2 各经济体国际产业转移规模与单位产出强度的相关系数

行业类型	编号	制造业名称	M4M	F4F	F4M	总产业转移
劳动密集型	1	食品、饮料和烟草制造业	−0.51	−0.37	−0.36	−0.48
	2	纺织业	−0.15	−0.16	−0.11	−0.14
	3	木产品和编织材料制造业（家具除外）	−0.31	−0.02	−0.25	−0.30
	4	纸制品制造业	−0.41	−0.19	−0.34	−0.39
	5	印刷和记录媒介制造业	−0.29	−0.36	−0.34	−0.35
	18	家具及其他制造业	−0.25	−0.25	−0.27	−0.33
		劳动密集型制造业平均	−0.32	−0.23	−0.28	−0.33
资本密集型	6	石油精炼产品制造业	−0.35	0.05	−0.33	−0.39
	7	化学产品制造业	−0.27	−0.38	−0.21	−0.32
	8	基本医药产品和制剂制造业	0.08	0.22	0.11	0.31
	9	橡胶和塑料产品制造业	−0.42	−0.29	−0.32	−0.39
	10	其他非金属矿物产品制造业	−0.46	−0.18	−0.25	−0.36
	11	基本金属制造业	−0.32	−0.12	−0.19	−0.28
	12	金属制品（机械和设备除外）	−0.39	−0.33	−0.38	−0.39
		资本密集型制造业平均	−0.30	−0.15	−0.22	−0.26
技术密集型	13	计算机、电子和光学产品制造业	−0.23	−0.28	−0.18	−0.27
	14	电气产品制造业	−0.29	−0.39	−0.19	−0.33
	15	机械和设备制造业	−0.44	−0.35	−0.24	−0.40
	16	汽车、挂车和半挂车制造业	−0.42	−0.27	−0.08	−0.30
	17	其他运输设备制造业	−0.31	−0.42	−0.37	−0.35
		技术密集型制造业平均	−0.34	−0.34	−0.21	−0.33
		制造业平均	−0.32	−0.23	−0.24	−0.30

另外，各经济体的国际产业转移规模与专业化程度（由区位商指标体现）的相关性分析结果则说明2000~2007年国际产业转移的扩散趋势大体与全球生产的专业化分工格局相符。如表2.3所示，从各类制造业的平均情况来看，无论对

于哪一类国际产业转移，各经济体国际产业转移规模与区位商之间均呈现正相关性，即生产活动更倾向于从专业化程度更低的经济体转出，并转入专业化程度更高的经济体。分行业类型来看，资本密集型制造业在中间产品产业转移的正相关性比最终产品更为显著，而劳动密集型制造业则最不显著。这是因为资本密集型产品主要用作中间投入，而劳动密集型产品则更多供应最终需求市场。

表 2.3　各经济体国际产业转移规模与区位商之间的相关系数

制造业名称	M4M	F4F	F4M	总产业转移
食品、饮料和烟草制造业	0.17	0.21	0.10	0.22
纺织业	0.25	0.30	0.30	0.31
木产品和编织材料制造业（家具除外）	0.08	0.03	0.04	0.12
纸制品制造业	−0.14	−0.05	−0.03	−0.10
印刷和记录媒介制造业	−0.07	−0.11	−0.14	0.02
家具和其他制造业	−0.15	0.25	0.20	0.19
劳动密集型制造业平均	0.02	0.11	0.08	0.13
石油精炼产品制造业	0.10	0.16	0.05	0.09
化学产品制造业	0.20	−0.04	0.27	0.23
基本医药产品和制剂制造业	0.45	0.49	0.30	0.66
橡胶和塑料产品制造业	0.12	0.12	0.25	0.25
其他非金属矿物产品制造业	0.35	0.13	0.41	0.48
基本金属制造业	0.29	−0.22	0.29	0.36
金属制品（机械和设备除外）	−0.02	−0.05	0.02	0.07
资本密集型制造业平均	0.21	0.08	0.23	0.31
计算机、电子和光学产品制造业	0.09	0.05	0.10	0.04
电气产品制造业	0.18	0.14	0.27	0.21
机械和设备制造业	0.15	0.25	0.27	0.21
汽车、挂车和半挂车制造业	0.02	0.20	0.23	0.16
其他运输设备制造业	−0.08	−0.06	−0.11	−0.04
技术密集型制造业平均	0.07	0.12	0.15	0.12
制造业平均	0.10	0.10	0.15	0.19

2.4　小结与讨论

本章基于世界投入产出框架构建了全球产业转移价值量的测度模型。相比于现有的主流产业转移测度指标，我们的测度模型存在以下四点优势。第一，与基于企业调研的测度指标相比，我们的测算模型基于世界投入产出框架在宏观视角下对国际产业转移进行了测算，测算结果更具系统性，地区间、行业的测算结果更具可比性。第二，与基于产业分布的测度指标相比，我们的测算模型依托于囊括复杂的供给使用信息的世界投入产出数据，从而能够避免经济增长造成的测度偏差[①]。第三，考虑到发达经济体通常倾向于把控高附加值生产环节并对低附加值环节开展国际产业转移，聚焦于增加值分布的贸易增加值指标在应用于国际产业转移测度时可能存在一定程度的偏差，因此，我们的测算模型立足于产出角度进行国际产业转移测算，避免了这一偏差。第四，与 Fan 和 Liu（2021）、刘红光等（2011）的测度指标相比，我们的测算模型更符合传统的产业转移定义，因此也避免了定义偏差可能导致的产业转移测度规模的偏误。

另外，全球产业转移价值量测度模型是立足于广义视角对国际产业转移规模进行宏观层面的测算，因此难以完整体现狭义视角下微观企业层面的产业转移变化。这同样会产生一些局限性。例如，投入产出表中的分行业产出数据难以完全区分不同企业间生产技术的差异性，也自然难以体现产业转移过程中所伴随的生产技术变革（Faber，2020；Krenz et al.，2021）。然而，我们认为这些局限性源自数据口径大小和数据汇总程度之间的权衡。尽管微观企业层面的数据能够提供更细节的关于产业转移动机方面的信息，但其在不同地区间或不同时间段间的数据可得性和数据代表性难以统一，也因此常被认为是"传闻证据"（de Backer et al.，2016），无法对宏观层面的（不同国家或不同行业的）产业转移总规模进行系统测算，而后者正是我们的主要研究目标。因此，尽管仍存在一定程度的指标局限性，但我们认为全球产业转移价值量测度模型相比现存的主流指标能够提供更系统、全面的国际产业转移规模测度结果，从而能够更清晰地刻画全球产业布局的演变趋势。总结来说，我们赞同 Krenz 和 Strulik（2021）提出的观点，即基于广义和狭义视角的产业转移测度模型不是互为替代品，而是互相之间的重要补充。

在实证研究部分，本章对 2000～2007 年的国际制造业产业转移进行了测算和分析，为全球产业转移价值量测度模型的应用提供了一个基础范例。综合实证结果可知，在 2000～2007 年这一全球经济高速发展的时期，国际制造业产业转移大体表现为发达经济体将不再具备比较优势的行业产能转移至具备该行业比较优势的发展中经济体，进而在促进发展中经济体产业发展的同时助推发达经济体的产业结构调整，实现双方的共赢。然而，2008 年全球金融危机的爆发在深刻改变国际经贸格局的同时也为国际产业转移既有趋势的改变埋下了伏笔。在后续章节中，我们将围绕全球产业转移价值量测算模型对 2007 年以后的国际产业转移演变历程开展一系列的实证研究。

[①] 建模过程隐含的反事实分析思想也帮助我们的测算结果避免了因经济增长而产生的偏差。

第 3 章

离岸生产？回岸生产？生产再离岸？全球制造业产业布局的演变分析

3.1 离岸生产、回岸生产与生产再离岸

新冠疫情及其导致的全球价值链中断极大地强调了供应链韧性的重要性，加速了全球价值链的重构，也令产业空间布局和产业转移的相关研究再度成为研究热点（Brakman et al., 2020）。总的来说，全球制造业产业空间布局的动态演变是三种互相竞争的国际产业转移模式所共同作用的结果，如图 3.1 所示，它们分别是由母国向东道国转移的离岸生产、从东道国回流至母国的回岸生产、从东道国向第三方经济体转移的生产再离岸。

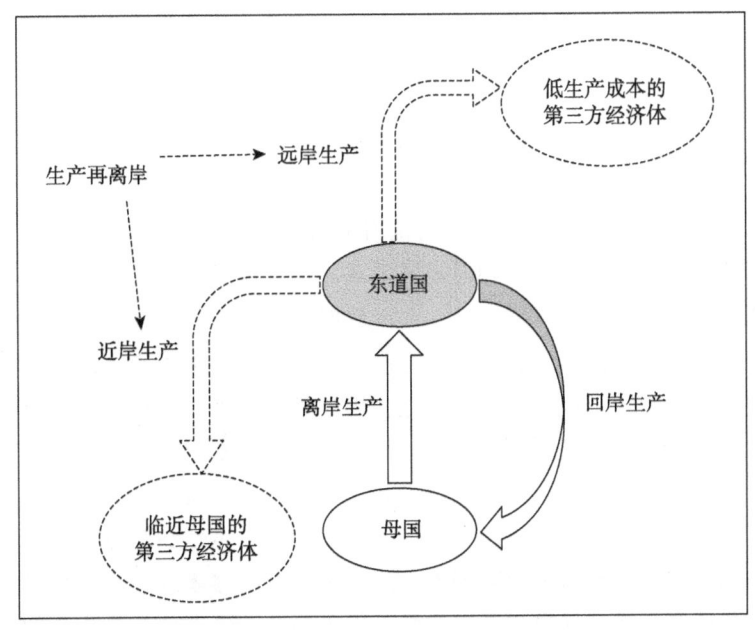

图 3.1 企业生产区位决策分类图

离岸生产指的是将生产环节转移到国外经济体（Wan et al., 2019）。这一现象可以追溯至20世纪60年代，主要体现为制造业产能大规模从发达经济体向低成本经济体转移。进入21世纪后，受益于全球价值链（全球生产网络）的形成和快速发展，国际离岸生产规模快速增长。同时，低成本高增速经济体国内市场的对外开放也为制造业的国际离岸生产提供了极具吸引力的目的地。部分经济体在这一过程中显著受益，尤其是众所周知的被称为"世界后台办公室"的印度（Jensen and Pedersen, 2011；Dossani and Kenney, 2007）以及被称为"世界制造工厂"的中国（Lemoine and Ünal-Kesenci, 2004）。

尽管支持者们坚称离岸生产将为母国和承接国带来双赢（Farrell, 2005），但是对离岸生产可能为母国带来的潜在的就业损失（Metters and Verma, 2008；Levy, 2005）、为企业供应链管理带来的潜在质量风险（Gray et al., 2011）和物流风险（Ritter and Sternfels, 2004）等的担忧仍在加速传播。在接连经历了全球金融危机、英国脱欧、中美经贸摩擦以及新冠疫情的巨大冲击后，阻碍全球价值链有效运转的不确定性日益增长，对既往的全球产业布局发展趋势提出了挑战。由于稳定性逐渐成为企业生产选址的优先目标，部分离岸生产环节被迁回母国，即使这将伴随着更高的生产成本。这一现象被称为回岸生产（Delis et al., 2019；Ellram, 2013；Joubioux and Vanpoucke, 2016）。从国家的角度来看，尤其对于美国和西欧国家而言，回岸生产也被视为推动国内经济复苏、重塑工业竞争力的重要手段。

然而，除了回岸生产外，早先的离岸产能也可以选择迁往第三方经济体。一方面，面对东道国逐渐丧失的成本优势，早先的离岸产能可以进一步迁往其他低成本经济体从而保持甚至提高成本优势。这一过程被Gadde和Jonsson（2019）称为远岸生产。另一方面，考虑到远距离生产所伴随的质量风险和供应链风险，早先的离岸产能也可能迁往邻近母国的第三方经济体。这一过程被称为近岸生产（de Backer et al., 2016；Ellram et al., 2013）。在本书中，远岸生产和近岸生产被统称为"生产再离岸"，即将离岸产能迁出东道国但不迁回母国。近年来，充足的劳动力资源禀赋、宽松的投资环节和对经济发展的高度渴求使得"南方国家"成为离岸生产和生产再离岸的优质承接地。与此同时，作为上一轮全球产业转移浪潮中最具代表性的东道国，生产要素价格上涨、环境保护政策收紧、国际贸易保护主义等正推动着生产环节从中国迁出。这些因素都助力了生产再离岸趋势的产生，尽管其在2008年全球金融以来已经有所发展。

综上所述，全球产业布局在当前和未来一段时间内将迎来深刻的改变，而它们将如何改变是一个日益重要的、亟待解答的问题。本章在全球产业转移价值量测度模型的基础上，提出了同时测度上述三种产业转移模式（离岸生产、回岸生产、生产再离岸）对应规模的系统方法。作为当前全球产业布局变革的序曲，本章聚焦于2007~2014年全球制造业产业布局的演变历程，为各类产业转移模式在生产阶段维度、行业维度、经济体维度和地理维度的特征的实证检验提供了数据基础。

3.2 国际制造业产业布局演变的理论假说

全球价值链的形成和快速发展将贯序化的生产过程分解并分散到不同的国家和地区（即生产过程的碎片化），从而整合了不同地区在技术水平、要素禀赋和要素价格上的比较优势，也推动了 21 世纪以来离岸生产规模的快速增长（Feenstra，1998；Timmer et al.，2019）。因此，将完整的产业链全部回岸到母国是近乎不可能的，因为这将不可避免地造成生产成本的大幅激增。那么，哪一生产阶段更适合迁回母国呢？从现有文献来看，离岸生产导致的质量危机（Gray et al.，2011）、母国制造的产品号召力（Wan et al.，2019）、知识产权的保护（Kazmer，2014）以及对供应链中断的担忧是被广泛提及的回岸生产动机。因此，相比于中间产品，最终产品的回岸生产更有助于发挥国内市场中母国制造的产品号召力、在产品抵达消费者前亲自进行质量监管、提升供应链可靠程度。因此，本章提出假说1。

假说 1：全球价值链中离岸的最终产品生产环节相比中间产品更可能回岸生产。

尽管离岸生产东道国逐渐弱化的成本优势是回岸生产的另一大决策动机，但总体来看，劳动密集型制造业的回岸生产对母国而言并不是一个理想选择。正如 Brennan 等（2015）所总结的，"在多数情况下，建立新一代产品或技术的比较优势要更加容易，因为重新积累曾经离岸的行业竞争力将经历困难的过程且仅能获取该行业的追赶地位而非领先地位"。也有一些文献佐证了包括自动化设备、机器人和 3D（three dimensional，三维）打印等新一代技术的发展正在帮助发达经济体开展回岸生产（Krenz et al.，2021；Faber，2020）。一方面，这些新一代技术通常更适用于依赖重型设备进行生产的资本密集型和技术密集型制造业。另一方面，发达经济体在跨境知识流动和技术资源等方面具备显著的比较优势，也更容易在资本密集型和技术密集型制造业构筑竞争力。综上，本章提出假说2。

假说 2：离岸的技术密集型和资本密集型制造业相比劳动密集型制造业更可能回岸生产。

Jensen 和 Pedersen（2012）发现接入跨境知识流动和境外技术资源从而获取国际竞争力是高技术产能离岸生产的主要动机，也意味着高收入经济体是这些高技术产能离岸生产的主要东道国。由于高技术产能通常被归为资本密集型或技术密集型制造业，如果假说 2 成立，那么下述假说 3 也应当成立。

假说 3：去往高收入经济体的离岸生产活动更可能出现回岸生产。

地理距离通常是经济地理研究中的重要影响因素，也是新经济地理学说（Fujita and Thisse，2013）和引力模型（Anderson，2011）应用研究中的重要基础。Delis 等（2019）证实了回岸生产驱动因素的影响效果会随着母公司和子公司之间距离的增加而减弱。对这一结果的合理解释是：如果回岸生产来自距母国更近的地区，则回岸后的生产将更容易保留原先的供应链体系，也更容易进入原先东道国的销售市场。正如 Baraldi 等（2018）所指出的，回岸生产意味着要重新建立母国的资源投入接口，以及与母国其他生产者开展产业竞争。因此，一旦回岸生产所需的资源支持有限，或在母国的产品市场中存在强烈竞争，那么回岸生产极有可能会遭遇来自母国的限制。而从更邻近的地区开展回岸生产则更有可能缓解这些问题。由此，本章提出了假说 4。

假说 4：回岸生产更可能在邻近的经济体之间开展。

在 3.3 节中，本章将在全球产业转移价值量测度模型的基础上，构建同时测度离岸生产、回岸生产、生产再离岸这三种产业转移模式对应规模的系统方法。基于这一方法及其测度结果，本节中提出的国际制造业产业布局演变的理论假说将在 3.4 节中被定量检验。

3.3　离岸生产、回岸生产、生产再离岸产业转移模式的测度算法

本节所构建的算法能够将全球产业转移价值量测度模型的计算结果分为离岸生产、回岸生产和生产再离岸这三种产业转移模式。考虑到回岸生产和生产再离岸是针对先前离岸生产活动的重新布局，即在回岸生产和生产再离岸发生之前必须存在对应的离岸生产活动（Gray et al.，2013）。因此，我们算法的基本思想是先假定一个由离岸生产支配产业转移模式的基准时期，然后再对比报告时期和基准时期的产业转移价值量测度结果来识别各类产业转移模式。由于在现有文献中通常认为在 2008 年全球金融危机前国际产业转移主要表现为从发达经济体向发展中经济体的离岸生产模式（2.3 节同样佐证了这一观点），而金融危机则叩响了国际回岸生产的"扳机"（Delis et al.，2019）。因此，我们的算法中将 2000~2007 年设定为基准时期，进而研究 2007~2014 年各类产业转移模式在全球产业布局演变中的模式特征。总的来看，我们的算法可以分为以下五步。

3.3.1　第一步：测算基准时期的国际产业转移规模

记 $re_{ri,sj}^{k,0}$ 为基准时期国际产业转移规模的测算结果，其中 $k = 1,2,3$ 分别对应中间投入驱动型产业转移、最终产品驱动型产业转移和由最终产品驱动型产业转移引发的间接中间投入产业转移。那么，在基准时期（即 0 期），如果 $re_{ri,sj}^{k,0} > 0$，则

r 国是 i 行业离岸生产的东道国[①]；如果 $\mathrm{re}_{ri,sj}^{k,0} < 0$，则 r 国是 i 行业离岸生产的母国。请注意，对于任意的离岸生产活动，我们的测算结果都会同时存在一个对应于东道国的正值结果和对应母国的负值结果。

3.3.2 第二步：测算报告时期的国际产业转移规模

记 $\mathrm{re}_{ri,sj}^{k,1}$ 为报告时期（即 1 期）国际产业转移规模的测算结果，则对比 $\mathrm{re}_{ri,sj}^{k,1}$ 和 $\mathrm{re}_{ri,sj}^{k,0}$，$r$ 国必然可以被归入以下四个互斥集合之一。

（1）$\{++|s,i,j\} = \{r|s,i,j,\ \mathrm{re}_{ri,sj}^{k,0} > 0,\ \mathrm{re}_{ri,sj}^{k,1} > 0\}$，即在 s 国 j 行业变化的驱动下，i 行业在基准时期和报告时期均转入至 r 国。

（2）$\{+-|s,i,j\} = \{r|s,i,j,\ \mathrm{re}_{ri,sj}^{k,0} > 0,\ \mathrm{re}_{ri,sj}^{k,1} < 0\}$，即 i 行业在基准时期转入 r 国，但在报告时期自 r 国转出。

（3）$\{-+|s,i,j\} = \{r|s,i,j,\ \mathrm{re}_{ri,sj}^{k,0} < 0,\ \mathrm{re}_{ri,sj}^{k,1} > 0\}$，即 i 行业在基准时期自 r 国转出，但在报告时期向 r 国转入。

（4）$\{--|s,i,j\} = \{r|s,i,j,\ \mathrm{re}_{ri,sj}^{k,0} < 0,\ \mathrm{re}_{ri,sj}^{k,1} < 0\}$，即 i 行业在基准时期和报告时期均自 r 国转出。

由此，报告时期的全球产业转移价值量测算结果分别为三类国际产业转移模式的对应规模，如图 3.2 所示。

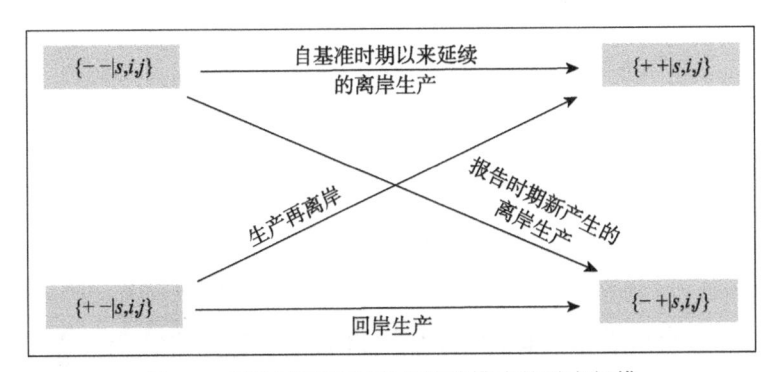

图 3.2 报告时期国际产业转移模式的对应规模
→ 表示产业转移的方向

3.3.3 第三步：测算报告时期的回岸生产规模

回岸生产指的是将先前的离岸生产产能迁回母国。因此，回岸生产的来源地

[①] 这一离岸生产是由 s 国 j 行业的变化驱动的。如果是中间投入驱动型产业转移（$k=1$），则该变化对应 s 国 j 行业生产中所使用的中间产品的空间供给结构变化；如果是最终产品驱动型产业转移或者由最终产品驱动型产业转移引发的间接中间投入产业转移（$k=2$ 或 $k=3$），则该变化对应 s 国消费的 j 行业最终产品的空间供给结构变化。

（东道国）应在基准时期承接产业转入，在报告时期经历产业转出，而回岸生产的目的地（母国）应在基准时期经历产业转出，在报告时期承接产业转入，即对于给定的 s、i、j，回岸生产对应从 $\{+-|s,i,j\}$ 向 $\{-+|s,i,j\}$ 转移的这部分产能。如果 $\sum_{r\in\{-+|s,i,j\}}\left|\text{re}_{ri,sj}^{k,1}\right| \leqslant \sum_{r\in\{+-|s,i,j\}}\left|\text{re}_{ri,sj}^{k,1}\right|$，则意味着从东道国转出的产能要超过母国承接的产能。那么，对于 $r\in\{-+|s,i,j\}$（母国），其承接的回岸生产的规模为 $\text{reshoring}_{ri,sj}^{k,1} = \text{re}_{ri,sj}^{k,1}$。对于 $r\in\{+-|s,i,j\}$（东道国），自其转出的回岸生产规模为 $\text{reshoring}_{ri,sj}^{k,1} =$

$$\frac{\left(\sum_{p\in\{-+|s,i,j\}}\left|\text{re}_{pi,sj}^{k,1}\right|\right)\times \text{re}_{ri,sj}^{k,1}}{\sum_{q\in\{+-|s,i,j\}}\left|\text{re}_{qi,sj}^{k,1}\right|}$$

，而超额转出的部分 $\left(\sum_{r\in\{+-|s,i,j\}}\left|\text{re}_{ri,sj}^{k,1}\right| - \sum_{r\in\{-+|s,i,j\}}\left|\text{re}_{ri,sj}^{k,1}\right|\right)$ 应被记为生产再离岸。如果 $\sum_{r\in\{-+|s,i,j\}}\left|\text{re}_{ri,sj}^{k,1}\right| > \sum_{r\in\{+-|s,i,j\}}\left|\text{re}_{ri,sj}^{k,1}\right|$，则意味着东道国转出的产能要少于母国承接的产能，那么，对于 $r\in\{+-|s,i,j\}$（东道国），自其转出的回岸生产规模为 $\text{reshoring}_{ri,sj}^{k,1} = \text{re}_{ri,sj}^{k,1}$。对于 $r\in\{-+|s,i,j\}$（母国），其承接的回岸生产的规模为 $\text{reshoring}_{ri,sj}^{k,1} =$

$$\frac{\left(\sum_{q\in\{+-|s,i,j\}}\left|\text{re}_{qi,sj}^{k,1}\right|\right)\times \text{re}_{ri,sj}^{k,1}}{\sum_{p\in\{-+|s,i,j\}}\left|\text{re}_{pi,sj}^{k,1}\right|}$$

，而其承接的产业转移的剩余部分 $\left(\sum_{r\in\{-+|s,i,j\}}\left|\text{re}_{ri,sj}^{k,1}\right| - \sum_{r\in\{+-|s,i,j\}}\left|\text{re}_{ri,sj}^{k,1}\right|\right)$ 应被记为报告时期新产生的离岸生产。

3.3.4 第四步：测算报告时期的生产再离岸规模

生产再离岸指的是将先前的离岸生产产能迁出东道国但不迁回母国，对应的是从 $\{+-|s,i,j\}$ 向 $\{++|s,i,j\}$ 转移的这部分产能（请注意从 $\{+-|s,i,j\}$ 向 $\{-+|s,i,j\}$ 转移的已在第三步中被记为回岸生产）。根据第三步可得，当 $\sum_{r\in\{-+|s,i,j\}}\left|\text{re}_{ri,sj}^{k,1}\right| \leqslant \sum_{r\in\{+-|s,i,j\}}\left|\text{re}_{ri,sj}^{k,1}\right|$ 时，对于 $r\in\{++|s,i,j\}$，其承接的生产再离岸规模为 $\text{reoffshoring}_{ri,sj}^{k,1} =$

$$\frac{\left(\sum_{q\in\{+-|s,i,j\}}\left|\text{re}_{qi,sj}^{k,1}\right| - \sum_{p\in\{-+|s,i,j\}}\left|\text{re}_{pi,sj}^{k,1}\right|\right)\times \text{re}_{ri,sj}^{k,1}}{\sum_{u\in\{++|s,i,j\}}\left|\text{re}_{ui,sj}^{k,1}\right|}$$

。而对于 $r\in\{+-|s,i,j\}$，自其转出的生产再离岸规模为 $\text{reoffshoring}_{ri,sj}^{k,1} = \text{re}_{ri,sj}^{k,1} - \text{reshoring}_{ri,sj}^{k,1}$。

3.3.5 第五步：测算报告时期的离岸生产规模

在报告时期共存在两类离岸生产。一是在报告时期新产生的离岸生产，对应从 $\{-\!-|s,i,j\}$ 向 $\{-\!+|s,i,j\}$ 转移的产能。二是自基准时期以来延续的离岸生产，对应从 $\{-\!-|s,i,j\}$ 向 $\{+\!+|s,i,j\}$ 转移的产能。因此，对于 $r\in\{+\!+|s,i,j\}$，其承接的自基准时期延续的离岸生产规模为 $\text{offshoring}_{ri,sj}^{k,1} = \text{re}_{ri,sj}^{k,1} - \text{reoffshoring}_{ri,sj}^{k,1}$。对于 $r\in\{-\!+|s,i,j\}$，根据第三步可得，当 $\sum_{r\in\{-\!+|s,i,j\}}\left|\text{re}_{ri,sj}^{k,1}\right| > \sum_{r\in\{+\!-|s,i,j\}}\left|\text{re}_{ri,sj}^{k,1}\right|$，其承接的报告时期新产生的离岸生产规模为

$$\text{offshoring}_{ri,sj}^{k,1} = \frac{\left(\sum_{p\in\{-\!+|s,i,j\}}\left|\text{re}_{pi,sj}^{k,1}\right| - \sum_{q\in\{+\!-|s,i,j\}}\left|\text{re}_{qi,sj}^{k,1}\right|\right)\times \text{re}_{ri,sj}^{k,1}}{\sum_{p\in\{-\!+|s,i,j\}}\left|\text{re}_{pi,sj}^{k,1}\right|}$$

。对于 $r\in\{-\!-|s,i,j\}$，自其转出的产业转移规模均归属于离岸生产，即 $\text{offshoring}_{ri,sj}^{k,1} = \text{re}_{ri,sj}^{k,1}$。

总结本节算法可得，对于给定的 s、i、j，当 $\sum_{r\in\{-\!+|s,i,j\}}\left|\text{re}_{ri,sj}^{k,1}\right| \leq \sum_{r\in\{+\!-|s,i,j\}}\left|\text{re}_{ri,sj}^{k,1}\right|$ 时，回岸生产、生产再离岸和离岸生产的对应规模分别为

$$\text{reshoring}_{ri,sj}^{k,1} = \begin{cases} \text{re}_{ri,sj}^{k,1}, & r\in\{-\!+|s,i,j\} \\ \dfrac{\left(\sum_{p\in\{-\!+|s,i,j\}}\left|\text{re}_{pi,sj}^{k,1}\right|\right)\times \text{re}_{ri,sj}^{k,1}}{\sum_{q\in\{+\!-|s,i,j\}}\left|\text{re}_{qi,sj}^{k,1}\right|}, & r\in\{+\!-|s,i,j\} \end{cases} \quad (3.1)$$

$$\text{reoffshoring}_{ri,sj}^{k,1} = \begin{cases} \dfrac{\left(\sum_{q\in\{+\!-|s,i,j\}}\left|\text{re}_{qi,sj}^{k,1}\right| - \sum_{p\in\{-\!+|s,i,j\}}\left|\text{re}_{pi,sj}^{k,1}\right|\right)\times \text{re}_{ri,sj}^{k,1}}{\sum_{u\in\{+\!+|s,i,j\}}\left|\text{re}_{ui,sj}^{k,1}\right|}, & r\in\{+\!+|s,i,j\} \\ \text{re}_{ri,sj}^{k,1} - \text{reshoring}_{ri,sj}^{k,1}, & r\in\{+\!-|s,i,j\} \end{cases} \quad (3.2)$$

$$\text{offshoring}_{ri,sj}^{k,1} = \begin{cases} \text{re}_{ri,sj}^{k,1} - \text{reoffshoring}_{ri,sj}^{k,1}, & r\in\{+\!+|s,i,j\} \\ \text{re}_{ri,sj}^{k,1}, & r\in\{-\!-|s,i,j\} \end{cases} \quad (3.3)$$

而当 $\sum_{r\in\{-\!+|s,i,j\}}\left|\text{re}_{ri,sj}^{k,1}\right| > \sum_{r\in\{+\!-|s,i,j\}}\left|\text{re}_{ri,sj}^{k,1}\right|$ 时，三类产业转移模式的对应规模分别为

$$\text{reshoring}_{ri,sj}^{k,1} = \begin{cases} \dfrac{\left(\sum_{q\in\{+\!-|s,i,j\}}\left|\text{re}_{qi,sj}^{k,1}\right|\right)\times \text{re}_{ri,sj}^{k,1}}{\sum_{p\in\{-\!+|s,i,j\}}\left|\text{re}_{pi,sj}^{k,1}\right|}, & r\in\{-\!+|s,i,j\} \\ \text{re}_{ri,sj}^{k,1}, & r\in\{+\!-|s,i,j\} \end{cases} \quad (3.4)$$

$$\text{reoffshoring}_{ri,sj}^{k,1} = 0 \qquad (3.5)$$

$$\text{offshoring}_{ri,sj}^{k,1} = \begin{cases} \text{re}_{ri,sj}^{k,1}, & r \in \{++\mid s,i,j\} \\ \text{re}_{ri,sj}^{k,1} - \text{reshoring}_{ri,sj}^{k,1}, & r \in \{-+\mid s,i,j\} \\ \text{re}_{ri,sj}^{k,1}, & r \in \{--\mid s,i,j\} \end{cases} \qquad (3.6)$$

由此，全球产业转移价值量测度模型的核算结果能够体现不同国家（r）、不同行业（i）、不同生产阶段（k）在各类产业转移模式（离岸生产、回岸生产或生产再离岸）中的转移规模，也为全球产业布局演变中各类产业转移模式在生产阶段维度、行业维度、经济体维度和地理维度的特征的定量分析提供数据基础（如对离岸生产在国家维度的模式特征分析可以基于 $\sum_i \sum_k \sum_s \sum_j \text{offshoring}_{ri,sj}^{k,1}$ ）。在 3.4 节，我们将基于这一方法对 2007～2014 年全球产业布局演变进行实证刻画，对我们在 3.2 节提出的假说进行定量检验。

3.4　2007～2014 年全球制造业产业布局的演变分析

3.4.1　生产阶段维度的分析

如表 3.1 所示，2007～2014 年全球制造业产业转移规模达到 58 332 亿美元，其中 56.6% 是离岸生产（33 013 亿美元），28.5% 是回岸生产（16 619 亿美元），14.9% 是生产再离岸（8700 亿美元）。这一结果佐证了 2014 年之前离岸生产仍是全球产业布局演变中最主要的产业转移模式，这也是现有文献中普遍认同的观点。具体来看，在中间投入驱动型产业转移中，55.0% 是离岸生产式的产业转移，30.5% 是回岸生产，剩余的 14.6% 是生产再离岸。这一比重与最终产品驱动型产业转移基本一致，后者的三类产业转移模式的对应比重分别为 55.2%、29.8% 和 15.0%。这说明中间和最终产品的产业转移模式偏好并无显著差别，从而拒绝了我们提出的假说 1[①]。然而，在由最终产品驱动型产业转移引发的间接中间投入产业转移中，离岸生产的占比（64.1%）要高于最终产品驱动型产业转移的占比，而回岸生产的比重（20.0%）则低于最终产品驱动型产业转移的比重。这是由于回岸生产主要在高收入经济体之间开展（详见 3.4.3 节），这些经济体深度融入全球价值链，其生产在不同程度上均依赖于包括中国、越南、墨西哥等全球价值链中的核心生产基地。因此，尽管最终生产环节被迁回母国，其上游的部分中间产能仍被留在这些核心

---

① 这一结论通过中间投入驱动型产业转移和最终产品驱动型产业转移的产业转移模式偏好得出，因为这两类产业转移可以视为主动型产业转移（生产者或消费者主动改变了供给区位结构）。而相反的，由最终产品驱动型产业转移引发的间接中间投入产业转移则是一种被动型产业转移，因为这一类产业转移当且仅当最终产品驱动型产业转移发生时才存在。

生产基地中，进而提高了由最终产品驱动型产业转移引发的间接中间投入产业转移的离岸生产比重并降低了其回岸生产比重。

表 3.1　2007～2014 年国际产业转移中各类产业转移模式的对应规模及其占比

产业转移类型	规模/亿美元	离岸生产/亿美元	离岸生产规模占比	回岸生产/亿美元	回岸生产规模占比	生产再离岸/亿美元	生产再离岸规模占比
M4M	33 132	18 210	55.0%	10 101	30.5%	4 821	14.6%
F4F	15 115	8 341	55.2%	4 500	29.8%	2 274	15.0%
F4M	10 085	6 462	64.1%	2 018	20.0%	1 605	15.9%
合计	58 332	33 013	56.6%	16 619	28.5%	8 700	14.9%

注：M4M 为中间投入驱动型产业转移；F4F 为最终产品驱动型产业转移；F4M 为由最终产品驱动型产业转移引发的间接中间投入产业转移；表中数据进行过修约，故存在合计不等于 100% 的情况

3.4.2　行业维度的分析

将制造业按照核心生产要素区分为劳动密集型、资本密集型和技术密集型后，如图 3.3 所示，可以发现 2007～2014 年国际制造业产业转移的行业结构以技术密集型和资本密集型制造业为主，这两类行业也通常呈现生产环节高度碎片化的特征。另外，劳动密集型的产业转移模式偏好与技术密集型和资本密集型存在显著差别，具体来看，离岸生产占劳动密集型制造业产业转移总规模的 66.2%，这一比重比资本密集型（55.1%）和技术密集型（54.5%）制造业高出超过 10 个百分点；同时，回岸生产仅占劳动密集型制造业产业转移总规模的 18.7%，比资本密集型（30.6%）和技术密集型（30.3%）低了超过 10 个百分点。这一结果证实了假说 2，即离岸的技术密集型和资本密集型制造业相比劳动密集型制造业更可能回岸生产。而其背后的潜在原因是资本密集型和技术密集型制造业的回岸生产更符合发达经济体重塑工业竞争力的国家需求，因为这两种制造业通常与新一代技术深度绑定。值得注意的是，由于各个国家在具体行业的生产技术可能存在较大差别（如电子产品的组装环节可能在发展中国家由低成本劳动力完成，而在发达国家由自动化设备完成），产业转移的过程可能同时也伴随着生产技术的转换。因此，技术密集型制造业的回岸生产同样可能会导致东道国低成本劳动力的收入损失，而劳动密集型制造业的回岸生产（尽管发生概率更低）也不见得会增加母国的蓝领收入，部分实证研究也支持了这一观点，如 Faber（2020）、Krenz 等（2021）。

从具体行业来看，如图 3.4 所示，2007～2014 年，"计算机、电子和光学产品制造业"（行业 13）仍是国际产业转移规模最大的行业。这一行业的国际产业转移规模约为其 2014 年总产出的 34.2%，在所有制造业中位居首位。从各个行业产业转移的模式偏好来看，"基本医药产品和制剂制造业"（行业 8）、"其他运输设备制造业"（行业 17）、"化学产品制造业"（行业 7）、"机械和设备制造业"（行业 15）

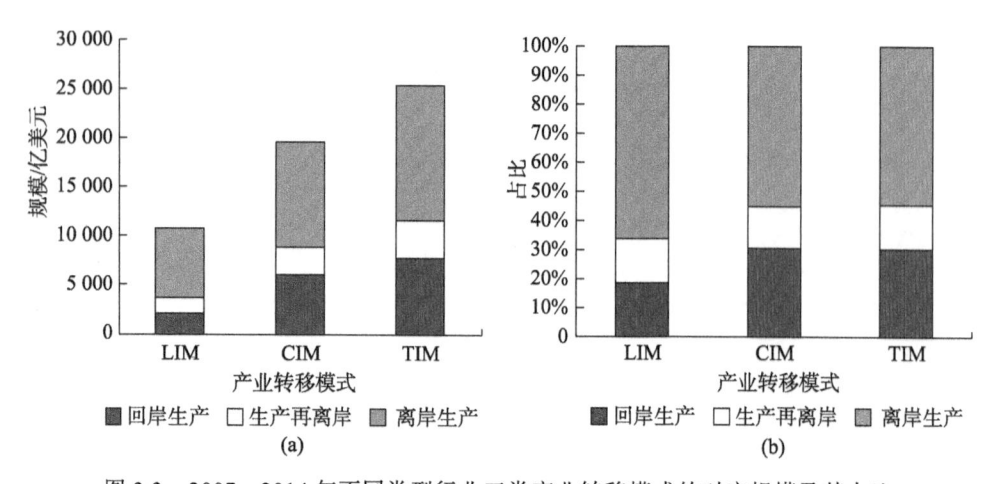

图 3.3　2007~2014 年不同类型行业三类产业转移模式的对应规模及其占比

1. LIM（labor-intensive manufacturing，劳动密集型制造业）、CIM（capital-intensive manufacturing，资本密集型制造业）、TIM（technology-intensive manufacturing，技术密集型制造业）；
2. 各制造业对应的行业类型如表 2.2 所示

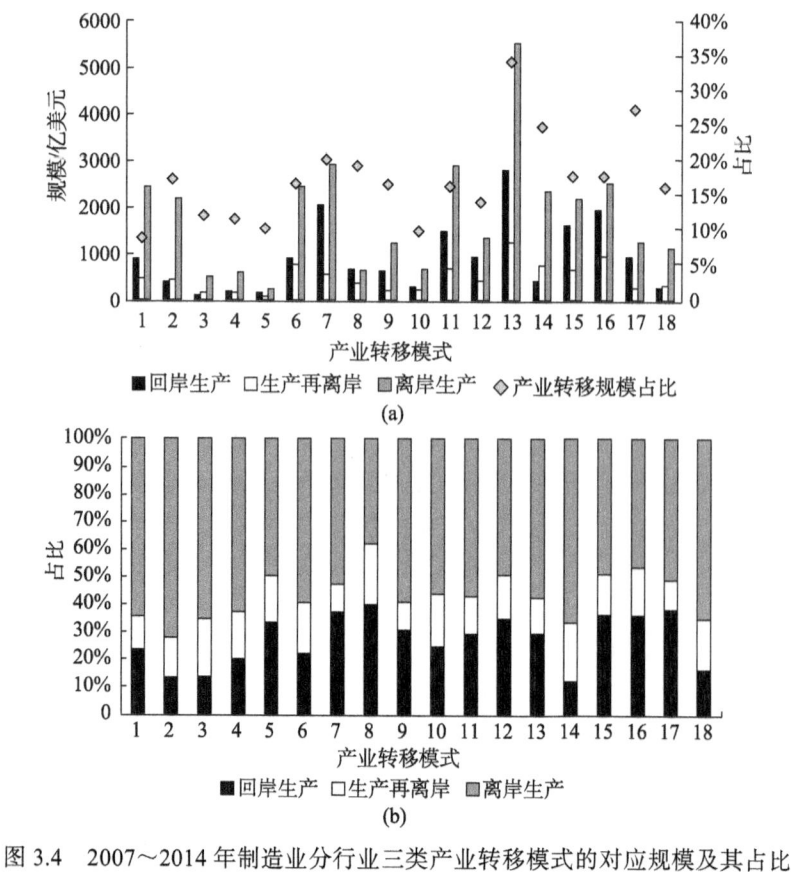

图 3.4　2007~2014 年制造业分行业三类产业转移模式的对应规模及其占比

1. 制造业名称、对应编号和所属行业类型与表 2.2 中列示的一致；2. 制造业 1~5 和 18 对应劳动密集型制造业，制造业 6~12 对应资本密集型制造业，制造业 13~17 对应技术密集型制造业

和"汽车、挂车和半挂车制造业"（行业 16）的回岸生产占产业转移总规模的比重较高。2007~2014 年，这些行业的国际产业转移中分别有 39.8%、38.0%、37.1%、36.1% 和 35.9% 是回岸生产。这一结果同样支持了假说 2。另外，"基本医药产品和制剂制造业"（行业 8）、"电气产品制造业"（行业 14）和"木产品和编织材料制造业（家具除外）"（行业 3）的生产再离岸占产业转移总规模的比重较高。2007~2014 年，这些行业 22.0%、21.3% 和 21.1% 的国际产业转移分别为生产再离岸。

3.4.3 经济体维度的分析

在复杂的国际产业布局演变中，一个国家可能在某些产业转移活动中是某一产业转移模式的目的地，而在其他产业转移活动中是同一产业转移模式的来源地[①]。事实上，在同一时期绝大部分经济体都经历了同一产业转移模式的转入和转出，如图 3.5 所示。对于离岸生产模式，中国在 2007~2014 年仍然是最主要的离岸生产承接国，而传统的发达经济体（如 G7 国家）则仍是最主要的离岸生产来源国。在这一时期，中国共承接了 48.5% 的国际离岸生产产能，而全球 61.4% 的离岸生产产能来自 G7 国家。考虑到在 2007~2014 年离岸生产仍然是全球产业布局演变中最主要的产业转移模式（详见 3.4.1 节），因此在 2014 年以前，从发达经济体向发展中经济体的离岸外包型产业转移这一国际制造业产业布局演变中的核心趋势尚未被逆转。

对于回岸生产模式，中国作为典型的发展中经济体和最具代表性的离岸生产东道国，却承接了最大规模的回岸生产。2007~2014 年，中国共承接了 38.7% 的国际回岸生产产能。这一结果看似令人困惑，但事实上是这一时期中国国产品对进口品的加速替代所致。回顾 2008 年全球金融危机之前的 20 年，获益于生产过程碎片化，中国逐渐融入全球价值链并承接了大规模的离岸外包产能。然而，这些迁往中国的生产环节却依赖于进口的中间投入品，因此，推动了这些中间品产能从中国的"离岸外包"[②]（图 2.6 也佐证了这一现象），也催生了加工贸易的繁荣（Chen et al.，2012；Yang et al.，2015）。在经历了经济和科技的飞速发展后，中国已经具备了全球最具完备性的工业生产体系，从而能够实现对这些进口中间产

[①] 例如，假设在华美资企业将芯片产能从中国迁回美国，与此同时在美日资企业也将芯片产能从美国迁回日本，那么对美国而言，它在前者是芯片行业回岸生产的目的地，在后者是芯片行业回岸生产的来源地。在我们测算结果中，对于给定的 r、i、k，可能存在一些 s 和 j 使得 offshoring$_{ri,sj}^{k}$、reshoring$_{ri,sj}^{k}$ 或 reoffshoring$_{ri,sj}^{k}$ 小于 0，即这些 s 国 j 行业的供给区位结构变化推动 i 行业产能通过对应的产业转移模式自 r 国转出。而对于其他的 s 和 j 满足 offshoring$_{ri,sj}^{k}$、reshoring$_{ri,sj}^{k}$ 或 reoffshoring$_{ri,sj}^{k}$ 大于 0 的，则意味着那些 s 国 j 行业的供给区位结构变化推动 i 行业产能通过对应的产业转移模式向 r 国转移。因此，r 国在不同的 s 和 j 的驱动下会同时经历同一产业转移模式的转入和转出。

[②] 这种离岸生产与 Feenstra 和 Hanson（1999）对离岸生产指数的定义一致。

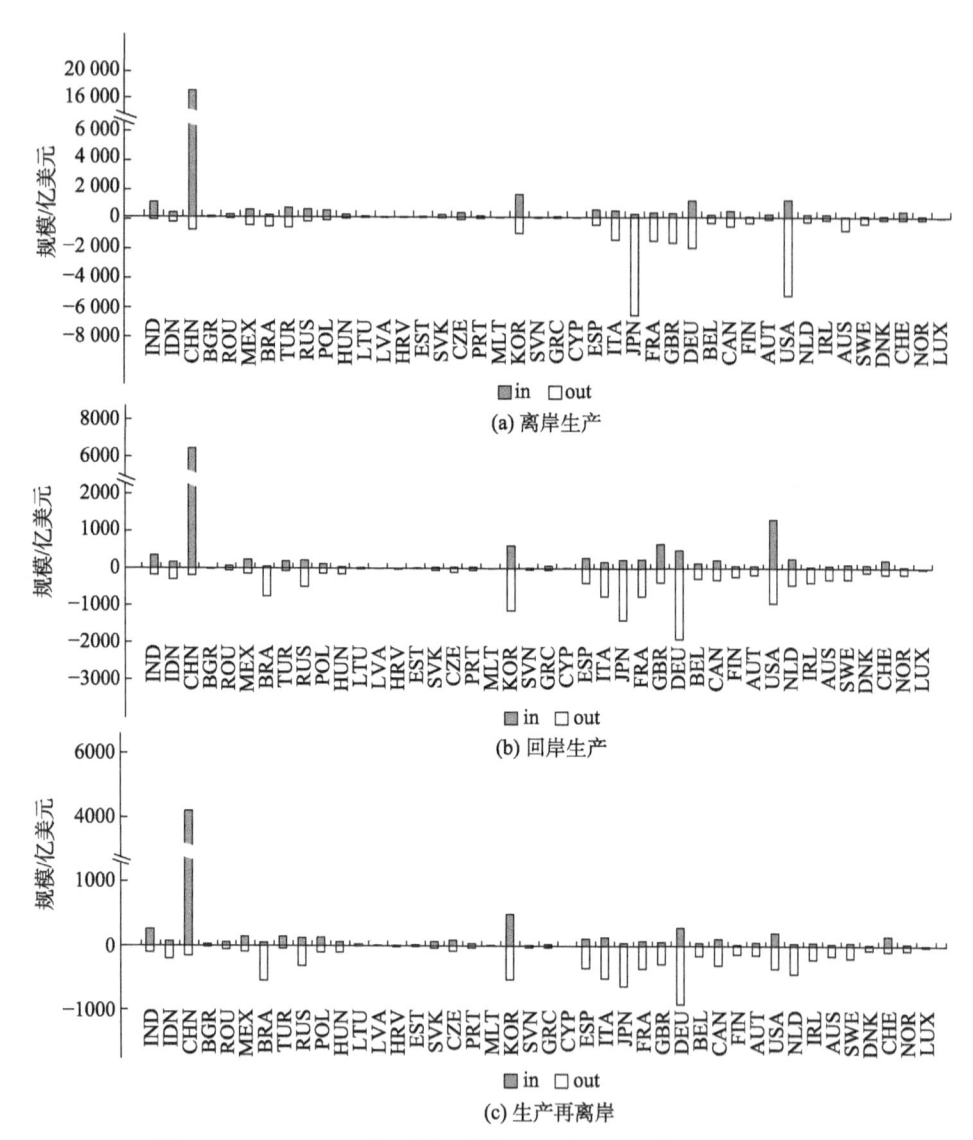

图 3.5　2007~2014 年不同经济体三类产业转移模式的对应规模

1. 图例中,"in"代表制造业产能通过对应产业转移模式转入该经济体的规模,而"out"代表制造业产能通过对应产业转移模式从该经济体转出的规模。2. 横轴中各个经济体的三位代码和对应名称请参照附录 C。3. 横轴中各个经济体按照其人均 GDP（gross domestic product,国内生产总值）从低到高排序。人均 GDP 数据来源于世界银行

品的高质量、低成本的国产替代。而这一国产替代也推动了这些"离岸外包"的中间产品产能向中国的"回岸生产"。这一结果也可通过中国出口国内增加值率的持续增长进行佐证,类似的研究可以参考 Kee 和 Tang（2016）、Yang L L 和 Yang C H（2017）、Zhu（2019）。例如,Guilhoto 等（2019）指出中国供应链对进口原材料的依赖程度的下降在全球范围内是最突出的。基于 OECD-TiVA 数据库,Guilhoto

等（2019）发现中国制造业出口的国外增加值率在 2005~2015 年下降了约 10 个百分点。

总体来看，除了中国承接的回岸生产产能外，各个经济体参与的回岸生产规模随着人均 GDP 的增长而大体呈现增长态势，即大多数的回岸生产在高收入经济体之间相互转移。2007~2014 年，全球 38.7%的回岸生产产能来自 G7 国家，同时除中国外有 32.6%向 G7 国家转移。这一结果证实了假说 3，即去往高收入经济体的离岸生产活动更可能出现回岸生产。由于高收入经济体在高技术行业（通常是资本或技术密集型行业）具备显著的比较优势，通常是高技术行业离岸生产的主要东道国，因此，高技术行业更高的回岸生产倾向（详见 3.4.2 节）也导致由高收入经济体承接的离岸生产产能的回岸生产倾向比低收入经济体更高。

中国同样是全球生产再离岸中主要的目的地。2007~2014 年，中国承接了全球 48.7%的生产再离岸活动。中国在所有产业转移模式中"醒目"的承接规模与 Guilhoto 等（2019）的研究结论一致，即中国持续的经济和贸易增长正日益加强其对全球（包括中国自己）的供给能力[①]。另外，高收入经济体同样是生产再离岸的主要来源国，例如，2007~2014 年，全球 37.9%的生产再离岸活动来自 G7 国家。因此，综合回岸生产和生产再离岸的情况来看，先前由高收入经济体承接的制造业离岸生产活动在 2008 年全球金融危机后相比其他经济体更容易被迁出东道国。面对经济衰退的潜在威胁，高收入经济体更倾向于将高端产能从其他高收入经济体迁回母国从而重建其自身的工业竞争力，同时，通过低端产能的离岸生产和生产再离岸保持全球分工网络的成本优势。2007~2014 年不同收入水平经济体在各类产业转移模式中转移规模的占比如表 3.2 所示。

表 3.2　2007~2014 年不同收入水平经济体在各类产业转移模式中转移规模的占比

产业转移模式		不同收入水平经济体的占比		
		高收入经济体	中国	其他经济体
离岸生产	in	27.1%	48.5%	24.4%
	out	81.6%	2.7%	15.7%
回岸生产	in	35.1%	38.7%	26.2%
	out	73.6%	1.2%	25.3%
生产再离岸	in	29.4%	48.7%	21.9%
	out	74.4%	1.8%	23.8%

注：表中"in"代表制造业产能通过对应产业转移模式转入到该经济体的规模，而"out"代表制造业产能通过对应产业转移模式从该经济体转出的规模。高收入经济体的分类依据来源于世界银行对收入水平的划分，不同经济体及其对应的收入水平请参照附录 C。除中国外，不符合世界银行对高收入水平经济体划分标准的国家或地区归为其他经济体。由于中国在各类产业转移模式中有突出的承接规模，其占比在表中被单独列示。表中数据进行过修约，存在合计不等于 100%的情况

---

① Guilhoto 等（2019）研究的时间跨度为 2005~2015 年，与本章的 2007~2014 年较为接近。

3.4.4 地理维度的分析

围绕新经济地理学和引力模型的一系列理论和实证研究都证实了地理距离在众多经济活动中的显著影响。然而，关于地理距离在新兴的回岸生产活动中的作用研究仍非常有限。因此，本章引入固定来源比例假定，对承接国际回岸生产的规模较大的五个经济体（由图 3.5 可得，这五个经济体分别为中国、美国、英国、韩国和德国）的回岸生产来源地进行了估计[①]，对地理位置在回岸生产活动中的重要性进行初步探究。如表 3.3 所示，中国和韩国承接的回岸生产规模中分别有 45% 和 22% 来自亚洲经济体，这一比例明显高于美国、德国和英国（分别有 14%、13% 和 7% 的回岸生产来源于亚洲经济体）。而英国和德国承接的回岸生产规模中分别有 63% 和 60% 来自欧洲经济体，这一比例同样远高于中国、美国和韩国（分别有 27%、40% 和 47% 的回岸生产来源于欧洲经济体）。这些结果说明了主要承接国承接的国际回岸生产中地理位置起到了非常重要的作用，也证实了假说 4 即回岸生产更可能在邻近的经济体之间开展。

更进一步的，地理位置的作用在高收入经济体承接的劳动密集型制造业回岸生产中更为显著，尽管这些劳动密集型制造业更少地涉及回岸生产活动。如表 3.3 所示，对于美国、英国、韩国和德国，其承接的劳动密集型制造业回岸生产规模中来自其对应大洲经济体的比重比总体制造业的比重要高。这是因为 2008 年全球金融危机后发达经济体均面临较严重的失业问题，劳动密集型制造业吸纳就业的能力强，所以其回岸生产相比其他类型制造业显得更加紧迫，而从相邻经济体开展回岸生产自然能够减少这一进程的时间成本。因此，上述劳动密集型制造业回岸生产中更为显著的地理特征进一步支撑了假说 4。

作为总结，本章的实证分析对 3.2 节所提出的假说的验证结果如下。

拒绝假说 1：全球价值链中离岸的最终产品生产环节相比中间产品更可能回岸生产。

接受假说 2：离岸的技术密集型和资本密集型制造业相比劳动密集型制造业更可能回岸生产。

接受假说 3：去往高收入经济体的离岸生产活动更可能出现回岸生产。

接受假说 4：回岸生产更可能在邻近的经济体之间开展。

---

① 本章提出的算法能够测算某一经济体承接或自其迁出的回岸生产规模，但是无法将来源地和目的地进行关联，即无法得知某一经济体承接的回岸生产来自何地区，也不知道自其迁出的回岸生产去向何处。因此，为了估计从某一地区向另一地区的回岸生产规模，我们必须要先引入一些假设条件。在本章中，我们引入的是固定来源比例假定，即各经济体承接的回岸生产具有相同的来源比例，这一比例等于各迁出地迁出的回岸生产规模在总回岸生产中的占比。这一假设在投入产出领域的研究中被广泛采用。具体的估算公式详见附录 D。

表 3.3　中国、美国、英国、韩国和德国承接的回岸生产的地理来源结构及占比

类别		占比				
		中国	美国	英国	韩国	德国
制造业整体	欧洲经济体	27%	40%	63%	47%	60%
	亚洲经济体	45%	14%	7%	22%	13%
	大洋洲经济体	1%	1%	1%	2%	0%
	北美洲经济体	8%	14%	9%	7%	20%
	南美洲经济体	1%	3%	3%	13%	3%
	世界其他经济体	19%	28%	16%	9%	4%
劳动密集型制造业	欧洲经济体	19%	37%	69%	37%	77%
	亚洲经济体	27%	10%	5%	37%	6%
	大洋洲经济体	5%	2%	0%	6%	1%
	北美洲经济体	5%	18%	2%	3%	7%
	南美洲经济体	1%	4%	4%	8%	2%
	世界其他经济体	43%	29%	20%	10%	8%
资本密集型制造业	欧洲经济体	26%	46%	57%	44%	58%
	亚洲经济体	56%	15%	5%	25%	10%
	大洋洲经济体	1%	1%	1%	1%	1%
	北美洲经济体	12%	14%	15%	8%	26%
	南美洲经济体	1%	4%	2%	11%	3%
	世界其他经济体	4%	20%	20%	12%	3%
技术密集型制造业	欧洲经济体	28%	35%	68%	54%	58%
	亚洲经济体	39%	14%	13%	11%	16%
	大洋洲经济体	0%	1%	1%	1%	0%
	北美洲经济体	6%	11%	8%	9%	19%
	南美洲经济体	0%	1%	4%	20%	3%
	世界其他经济体	27%	37%	6%	4%	4%

注：表中的各大洲经济体代表世界投入产出表中列示的经济体中位于该大洲的经济体。例如，在世界投入产出表中，巴西是唯一位于南美洲的经济体，因此表中的南美洲即代表巴西，其他未列示在世界投入产出表中的南美洲经济体被包括在世界其他经济体中。表中数据进行过修约，存在合计不等于100%的情况

3.5　小结与讨论

本章在全球产业转移价值量测度模型的基础上，提出了同时测度三种互相竞争的产业转移模式（离岸生产、回岸生产、生产再离岸）的对应规模的系统方法，为全球产业布局演变中各类产业转移模式在生产阶段维度、行业维度、经济体维度和地理维度的特征的定量分析提供了数据基础。基于这一方法，本章对2007~2014年全球产业布局演变进行了实证刻画，对基于现有文献的国际制造业产业布

局演变假说进行了定量检验。

　　实证结果显示，2007~2014年，全球制造业产业转移中56.6%、28.5%和14.9%的转移规模分别对应离岸生产、回岸生产和生产再离岸，佐证了2014年之前离岸生产仍是全球产业布局演变中主要的产业转移模式这一现有文献中普遍认同的观点。行业维度的实证结果证实了技术密集型和资本密集型制造业比劳动密集型制造业更可能进行回岸生产。经济体维度的实证结果则证实了先前由高收入经济体承接的制造业离岸生产活动在2008年全球金融危机后相比其他经济体更容易被迁出东道国。综合来看，面对经济衰退的风险，高收入经济体更倾向于将高端产能从其他高收入经济体迁回母国从而重建其自身的工业竞争力，同时，通过低端产能的离岸生产和生产再离岸保持全球分工网络的成本优势。此外，地理维度的实证结果证实了回岸生产更可能在邻近的经济体之间开展，对于高收入经济体承接的劳动密集型制造业回岸生产来说尤其如此。

　　本章的实证结果证实了2008年全球金融危机为国际产业转移既有趋势的改变埋下了伏笔。进一步地，在英国脱欧、中美经贸摩擦、新冠疫情等一系列国际重大突发事件的接连冲击下，全球价值链的生产模式正加速向区域化或本土化转变，推动国际产业转移方向的逆转进程，也将对中国这一全球价值链中的核心生产基地产生深刻的影响。特别的，2018年起持续至今的中美经贸摩擦对中国参与国际产业转移造成了指向性的影响。此后，关于中美经贸摩擦是否在中长期迫使中国部分产业，尤其处于价值链低端的对生产成本相对敏感的制造业和参与全球生产体系程度较高的制造业加速对外转移的议题引起了学界的广泛关注（梁明，2019）。有关中国产业链的超大规模完备性是否会因此受损，以及中国国内是否会出现大规模产业空心化的担忧和讨论也逐渐受到重视。那么，中国受中美贸易摩擦影响的典型制造业在2000~2014年全球制造业空间布局演变中的产业转移路径是怎样的？我们又能从中得到哪些启示来应对中美贸易摩擦的影响呢？这些问题将在第4章中得到探究。

第4章

中国典型制造业国际转移路径的演变分析

4.1 中国受中美经贸摩擦影响的典型制造业

自2001年底加入世界贸易组织以来,中国对外贸易增长迅速,与美国、欧盟等世界主要经济体的双边贸易也蓬勃发展。截至2018年,美国一度成为中国最大的出口目的地。如图4.1所示,2018年中国对美国出口规模达到4784.2亿美元,是2001年的8.8倍,对美出口额占中国总出口额的19.2%。但与此同时,中美之间的双边贸易差额也在同步攀升。2018年,中国对美国出口额是自美国进口额的3.1倍,中美贸易顺差达到3233.3亿美元,是2001年的11.5倍。

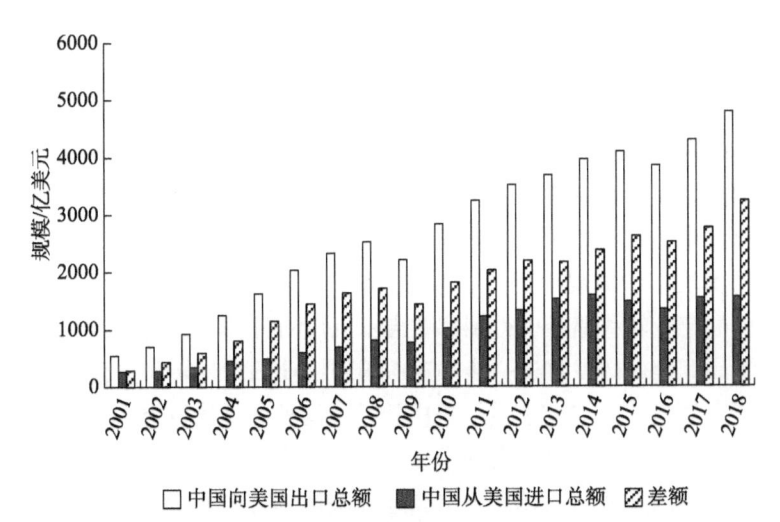

图4.1 2001~2018年中国与美国双边货物贸易总额与贸易总值口径下的差额
资料来源:国家统计局

事实上,有不少学者已经证实在全球价值链分工体系下,贸易总值口径的国际贸易统计严重扭曲了双边及多边贸易的不平衡状况,特别是对加工贸易占比较高的中国而言,贸易总值口径下的统计结果夸大了中国在出口生产中的双边获利情况（Yang et al., 2015；Chen et al., 2012）。由于加工贸易生产通常需要进口大量国外原材料或零部件，在中国进行加工组装后再出口到其他经济体，因此，相比于一般贸易，加工贸易生产需要的进口中间投入更多，与国内生产行业的联系更弱，产生的国内增加值较低。而尽管连年下降，在中国对美国的出口中，加工贸易比重一直处于较高水平，2018 年，中国对美出口中的加工贸易比重仍能达到 41%。然而，尽管如此，大部分媒体和美国政府官员仍然片面地认为中国的出口增长挤占了美国的就业机会（Autor et al., 2013）。2016 年，还是美国总统候选人的唐纳德·特朗普在宾夕法尼亚州的演讲上指责中国加入世界贸易组织是美国制造业工人的灾难，同时建议美国对中国产品征收 45% 的额外进口关税，以减少美国对中国的贸易逆差。

2018 年 3 月 23 日，美国总统特朗普突然宣布，根据 "301 调查" 结果，将对部分自中国进口商品加征额外关税，其中主要包括信息和通信技术产品。经过前期双方的试探性接触，2018 年 6 月 15 日，美国政府宣布，将对从中国进口的约 500 亿美元商品加征 25% 的额外关税，且从 2018 年 7 月 6 日起对约 340 亿美元商品正式实施加征关税措施，同时对约 160 亿美元商品征求公众意见。美国正式打响了中美贸易摩擦的第一枪，自此之后，中美贸易摩擦不断升级。中、美双方接连宣布对从对方进口的全部商品加征额外关税，且对其中过半商品已正式实施加征关税措施。

2019 年 12 月 13 日，中美达成第一阶段经贸协议，将暂停尚未生效的加征额外关税计划、停止升级并部分降低已加征的额外关税税率。但是，额外关税下降的幅度、涉及的产品范围有限，中美依然对自对方进口的过半产品征收额外关税，中美贸易摩擦仍在持续拉锯，也将继续对全球产业布局发展造成潜移默化的影响。那么，对于在中美贸易摩擦中被率先和主要针对的中国 "计算机、电子和光学产品制造业"，其在本次大规模贸易摩擦之前的产业转移特征和路径是怎样的？中国又能从之前的产业转移路径中得到哪些启示以应对外部冲击呢？

中美贸易摩擦的爆发将进一步加速中国纺织业的对外转移进程。2014 年，中国对外投资净额达 1231.2 亿美元，首次超过中国外商直接投资 1195.6 亿美元，成为资本净输出国。对外直接投资的迅猛增长也标志着新时期中国产业转移即将从承接其他经济体的产业转入转变为向其他经济体进行产业对外转移的新角色（刘海云和聂飞，2015）。纺织业作为吸纳劳动力能力较强的典型劳动密集型制造业，在历次大规模国际产业转移中都是最早实现对外转移的产业。近年来，随着国内外经济环境的改变，中国劳动力、土地等要素投入成本不断攀升，中国纺织业生产规模、出口数量和投资总额等数据均出现增速下滑，部分海外订单开始撤离中国。为了应对这些变化，越来越多的国内纺织企业在境外投资建厂，希望通过产业转移和融入全球价值链来提高经营效益。截至 2014 年底，中国纺织业已在 100

多个国家和地区投资建立超过 2600 家纺织服装生产、贸易和产品设计企业，其中大部分布在亚洲。由于纺织业也是中美双边贸易中的主要商品之一，为了避免中美贸易摩擦所施加的额外关税，纺织业产品订单或将从中国向生产成本更低但产业配套相对完善的东南亚各国（如越南、孟加拉国）转移，从而推进中国纺织业产能的对外转移。那么，对于产业对外转移蓄势待发的纺织业，中国参与国际产业转移的路径和特征如何？中国又能从中得到哪些启示以应对当前的产业对外转出风险呢？

本章将对中国受中美经贸摩擦影响的典型制造业——"计算机、电子和光学产品制造业"和"纺织业"在 2000~2014 的产业转移路径进行深入分析，为这两个行业应对中美贸易摩擦提出具体建议，并将该建议延伸至对应的类似行业。

4.2 产业转移路径的定义

产业转移路径在不同情境和不同模型中有不同的定义。例如，根据某一企业或产业具体的转出地和承接地，产业转移路径可以定义为从经济体 r 向经济体 s 的转移。大部分基于狭义视角的产业转移研究和 Fan 和 Liu（2021）、刘红光等（2011）的模型方法中隐含的产业转移路径都是基于该种定义。此外，根据产业转移的动因（市场寻求型、效率寻求型等）、产业分工类型（垂直型、水平型等）均可以对产业转移路径进行定义。然而，根据全球产业转移价值量测度模型的建模过程和输出结果，该模型所测算的产业转移无法追溯其来目的地（对于承接产业转移转入的经济体）或来源地（对于产业自其转出的经济体），也与产业转移实现方式、动因或分工类型等无关。因此，以上对产业转移路径的定义不适用于全球产业转移价值量测度模型。

回顾第 2 章构建的全球产业转移价值量测度模型，其中，中间投入驱动型产业转移 $\text{re}^1_{ri,sj}$ 指的是 s 国 j 行业生产中所使用的中间产品的空间供给结构变化所导致的 r 国 i 行业的中间产品产业转移价值量，即 r 国 i 行业的中间投入驱动型产业转移因 s 国 j 行业的中间投入空间供给结构变化而实现。那么，对 s 国的所有行业进行加和，即可得到 r 国 i 行业经过 s 国的中间投入空间供给结构变化所实现的产业转移：

$$\text{M4M}_{ri,s} = \sum_j \text{re}^1_{ri,sj} \tag{4.1}$$

最终产品驱动型产业转移（表示为 $\text{re}^2_{ri,sj}$）指的是 s 国消费的 j 行业最终产品的空间供给结构变化所导致的 r 国 i 行业的最终产品产业转移价值量。同理，对 s 国的所有行业进行加和，即可得到 r 国 i 行业因 s 国的最终需求空间供给结构变化而实现的产业转移：

$$F4F_{ri,s} = \sum_j re_{ri,sj}^2 \qquad (4.2)$$

由此，我们定义全球产业转移价值量测度模型中内含的产业转移路径为[①]：r 国 i 行业因 s 国的空间供给结构变化而实现的产业转移。对于中间投入驱动型产业转移，s 国的空间供给结构对应其生产过程中中间投入的空间供给结构。对于最终产品驱动型产业转移，s 国的空间供给结构对应其最终产品消费市场的空间供给结构（图4.2）。

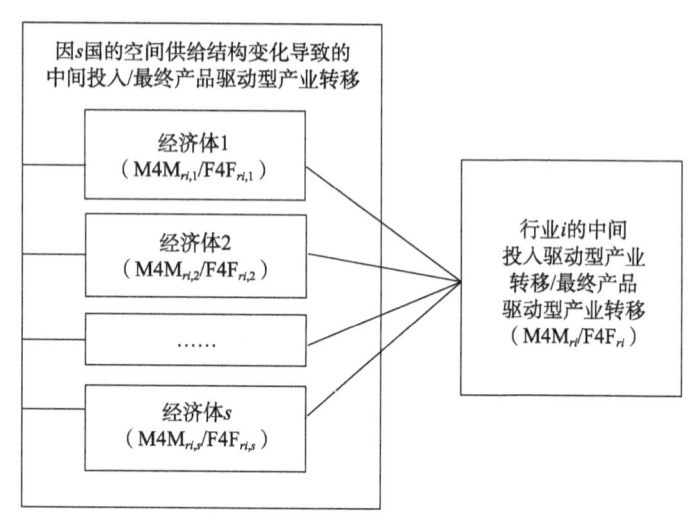

图 4.2 中间投入驱动型与最终产品驱动型产业转移路径图

4.3 2000~2014年中国制造业分行业产业转移规模概况

图4.3和图4.4展示了中国制造业各行业的中间投入驱动型和最终产品驱动型产业转移在2000~2014的规模变化。可以发现，在这一时期，中国除了"家具和其他制造业"（行业18）的中间投入驱动型产业转移体现为少量转出外，其余所有制造业在两类主动型产业转移[②]中均实现产业转移净转入。对于中间投入驱动型产业转移，各行业在2007~2014年的产业转移净转入规模较2000~2007年均有所增加。其中，技术密集型制造业的涨幅最为明显，劳动密集型制造业的涨幅较为微弱，而"纺织业"（行业2）的涨幅最为微弱，在两时期几乎持平。对于最终产

---

① 由于由最终产品驱动型产业转移引发的间接中间投入产业转移的转移路径完全受最终产品驱动型产业转移决定，本章不对这一被动型产业转移的转移路径进行分析。
② 中间投入驱动型产业转移和最终产品驱动型产业转移被合称为主动型产业转移。

品驱动型产业转移,"计算机、电子和光学产品制造业"(行业 13)在 2007~2014 年的净转入规模相比 2000~2007 年出现大幅度减小,而其他技术密集型制造业的净转入规模则均大幅度增加;大部分劳动密集型制造业在 2007~2014 年的净转入规模相比 2000~2007 年有较大幅度降低,其中"纺织业"(行业 2)的降幅最为明显。综上所述,"纺织业"(行业 2)和"计算机、电子和光学产品制造业"(行业 13)两行业的产业转移特征相比同类行业呈现出明显的异质性。同时,作为中国受中美贸易摩擦影响的典型行业,这两个行业的产业转移路径也尤其具有研究价值。

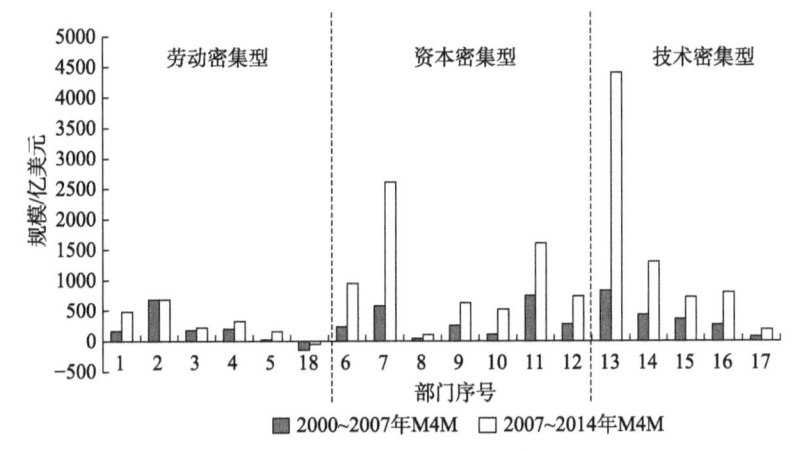

图 4.3 中国制造业分行业的中间投入驱动型产业转移规模

制造业名称、对应编号和所属行业类型与表 2.2 中列示的一致

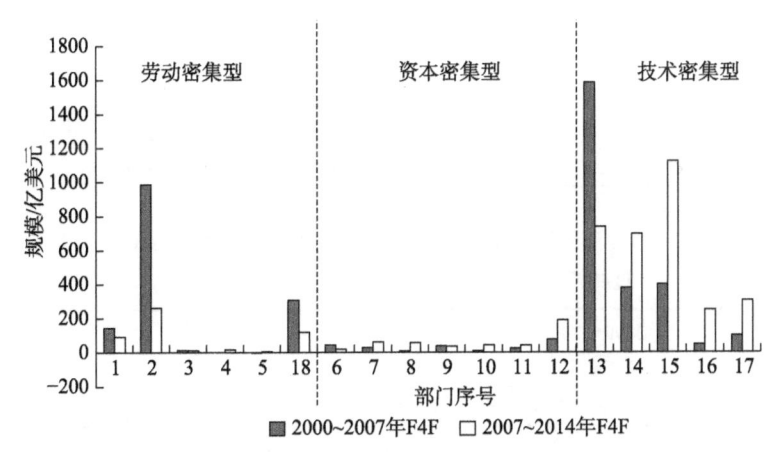

图 4.4 中国制造业分行业的最终产品驱动型产业转移规模

制造业名称、对应编号和所属行业类型与表 2.2 中列示的一致

4.4 中国"计算机、电子和光学产品制造业"产业转移路径的演变分析

4.4.1 "计算机、电子和光学产品制造业"最终产品驱动型产业转移路径的演变分析

表 4.1 展示了世界范围内"计算机、电子和光学产品制造业"最终产品驱动型产业转移规模在两时期变化较大的经济体，其中，中国在 2007~2014 年的产业转移规模相比 2000~2007 年的降幅在所有经济体[①]中名列第一。由表 4.2 可得，中国"计算机、电子和光学产品制造业"最终产品驱动型产业转移规模的大幅下降主要受到美国、世界其他经济体、德国和中国本身的驱动影响，其中美国和世界其他经济体的影响最强，分别达到中国总降幅的 39.7%和 35.3%。

表 4.1 两时期世界部分经济体"计算机、电子和光学产品制造业"最终产品驱动型产业转移规模的变化

变化方向	经济体	2000~2007 年规模/万美元	2007~2014 年规模/万美元	差额/万美元	降幅/增幅排名
下降	中国	15 867 387	7 386 745	−8 480 642	1
	世界其他经济体	7 960 836	633 052	−7 327 784	2
	墨西哥	967 110	−822 886	−1 789 996	3
	德国	−355 568	−2 105 966	−1 750 398	4
	匈牙利	869 191	−782 683	−1 651 874	5
上升	美国	−10 770 775	2 090 723	12 861 498	1
	英国	−3 973 818	−172 398	3 801 420	2
	日本	−5 500 496	−3 542 261	1 958 235	3
	法国	−2 618 555	−683 547	1 935 008	4
	瑞典	−1 180 563	−130 147	1 050 416	5

表 4.2 各经济体驱动的中国"计算机、电子和光学产品制造业"最终产品驱动型产业转移规模在两时期的变化

驱动经济体	2000~2007 年规模/万美元	2007~2014 年规模/万美元	差额/万美元	降幅排名
美国	5 066 044	1 695 677	−3 370 367	1

---

① 本章中，世界所有经济体指的是世界投入产出表中列示的 43 个经济体以及"世界其他经济体"。本章下文中所述的"世界其他经济体"也即代表除世界投入产出表所列示的 43 个具体经济体外的所有经济体。

第 4 章　中国典型制造业国际转移路径的演变分析

续表

驱动经济体	2000~2007 年规模/万美元	2007~2014 年规模/万美元	差额/万美元	降幅排名
世界其他经济体	4 443 638	1 447 716	-2 995 923	2
中国	-548 514	-1 464 516	-916 002	3
德国	1 153 018	258 518	-894 500	4

图 4.5 展示了世界各经济体在 2000~2007 年和 2007~2014 年由美国、世界其他经济体、德国、中国驱动的"计算机、电子和光学产品制造业"最终产品驱动型产业转移规模的变化。

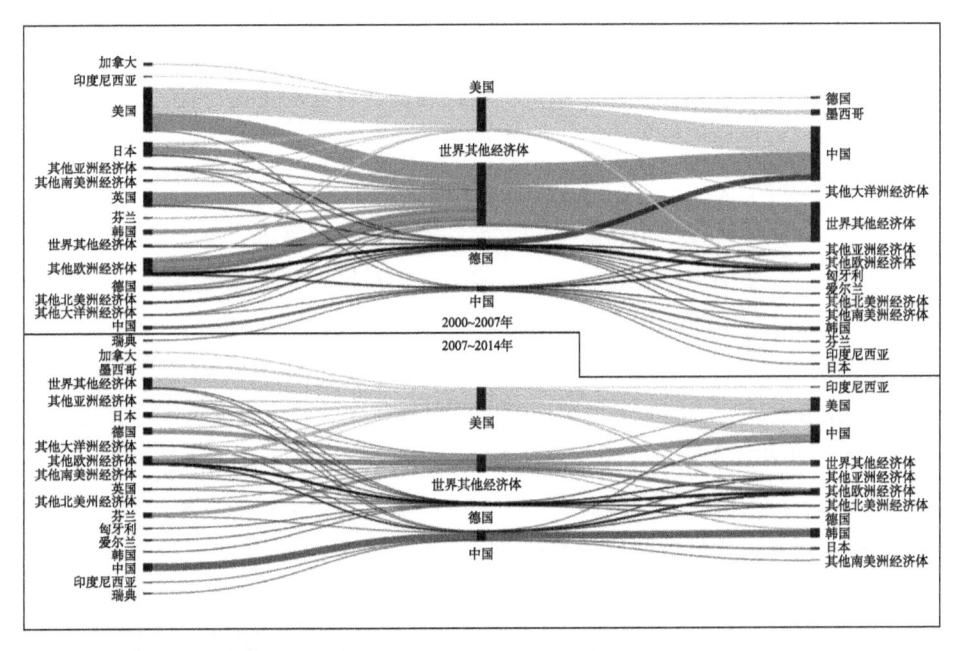

图 4.5　由美国、世界其他经济体、德国、中国驱动的"计算机、电子和光学产品制造业"最终产品驱动型产业转移规模的变化

"其他经济体"与"世界其他经济体"同义，为不包含在世界投入产出表中的所有经济体的集合。
如果图中流量涉及世界其他经济体，则证明世界其他经济体被对应经济体所驱动的产业转移在两阶段增幅（或降幅）排名前四；否则该流量将涉及"其他经济体"而非"世界其他经济体"
"计算机、电子和光学产品制造业"的产值受中间列经济体驱动由左侧经济体转移至右侧经济体，所涉及的产业转移的价值量与图中流量宽度成正比。图中上半部分和下半部分分别展示了中间列经济体在 2000~2007 年和 2007~2014 年所驱动的产业转移路径。图中左侧和右侧所列示的具体经济体为中间列经济体所驱动的产业转移在两阶段增幅（或降幅）排名靠前的经济体。除了具体的经济体外，如"其他欧洲（亚洲、南美洲、北美洲、大洋洲）经济体"代表除已列示的欧洲（亚洲、南美洲、北美洲、大洋洲）经济体所参与的产业转移外，其他所有包括在世界投入产出表中的欧洲（亚洲、南美洲、北美洲、大洋洲）经济体所参与的产业转移之和可以发现，在美国驱动"计算机、电子和光学产品制造业"最终产品驱动型国际产业转移中，降幅最大的是中国、世界其他经济体和墨西哥这三个发展中经济体。其中，中国在2007～2014年承接的产业转移规模有所减小，世界其他经济体和墨西哥在2007～2014年则转变为了净转出。相对的，增幅最大的经济体为美国自身，由2000～2007年的净转出转变为2007～2014年的净转入。

德国的情况与美国相似，在两时期，德国驱动的世界各经济体"计算机、电子和光学产品制造业"最终产品驱动型产业转移中，降幅最大的是中国，且中国在2007～2014年也仍表现为产业转移转入。同时，增幅最大的经济体为德国自身，由2000～2007年的净转出转变为2007～2014年的净转入。美国和德国驱动的"计算机、电子和光学产品制造业"最终产品驱动型国际产业转移的路径变化说明，2007～2014年，在美国和德国的"计算机、电子和光学产品制造业"最终产品市场中，中国的市场份额扩张幅度趋缓，美国和德国自身的市场份额开始回升。美国和德国开始重视并加强本土的"计算机、电子和光学产品制造业"最终产品在国内市场的销售情况。

在两时期世界其他经济体驱动的世界各经济体"计算机、电子和光学产品制造业"最终产品驱动型产业转移中，降幅最大的是世界其他经济体自身，其次是中国。但是二者在2007～2014年均仍表现为产业转移转入。相对的，受世界其他经济体驱动的增幅最大的经济体是美国、英国、日本、韩国等发达经济体。其中美国和韩国在2007～2014年均实现了由转出到转入的转变。这说明，在2007～2014年，在世界其他经济体的"计算机、电子和光学产品制造业"最终产品市场中，中国的市场份额扩张幅度趋缓，同时，一些发达经济体的市场份额，或是市场份额出现回升，或是市场份额下降幅度趋缓。

在中国驱动的世界各经济体"计算机、电子和光学产品制造业"最终产品驱动型产业转移中，降幅最大的是中国自身，且中国在两时期均表现为转出。相对的，受中国驱动的增幅最大的经济体是韩国、美国、日本以及世界其他经济体，其中，日本、韩国的增幅体现为产业转移转入规模的扩大，美国和世界其他经济体的增幅体现为产业转移由转出变为转入。这说明，在2007～2014年，在中国的"计算机、电子和光学产品制造业"最终产品市场中，中国本土产品的市场份额下降幅度进一步增大，同时，美国和世界其他经济体的市场份额有所回升，日本、韩国的市场份额进一步扩张。

在贸易摩擦的大背景下，中国的"计算机、电子和光学产品制造业"产品受到了美国的针对（芯片的"卡脖子"事件是最为典型的案例）。因此，中国受美国驱动的该行业最终产品驱动型产业转移情况可能会进一步恶化。而根据上述产业转移路径的分析，为应对仍未消散的外部冲击，本节对中国"计算机、电子和光学产品制造业"最终产品提出以下政策建议。

（1）巩固并提升中国"计算机、电子和光学产品制造业"最终产品在本土市场内的份额，利用国内消费和投资需求来消化外需衰退。

通过上述中国驱动路径的分析可知，尽管中国"计算机、电子和光学产品制造业"在两时期均实现了最终产品驱动型的产业转移净转入，但是在中国驱动的"计算机、电子和光学产品制造业"最终产品驱动型国际产业转移中，中国自身始终保持着产业转出，且该转出规模在2007～2014年有大幅的增长。因此，中国内需消化"计算机、电子和光学产品制造业"最终产品的潜力较大，是应对外需衰退的潜在解决路径。

（2）依托"一带一路"倡议、RCEP（Regional Comprehensive Economic Partnership，区域全面经济伙伴关系协定）等，重视并提升中国"计算机、电子和光学产品制造业"最终产品在其他发展中经济体的市场份额，尤其是第三世界经济体等具有巨大发展需求的经济体。

通过上述对世界其他经济体驱动路径的分析可知，在世界其他经济体驱动的"计算机、电子和光学产品制造业"最终产品驱动型国际产业转移的变化中，其自身也是主要降幅经济体，其所驱动的产业转移变化并不像美国、德国一样扩大了自身本土产品的市场份额。这也为中国在世界其他经济体中进一步扩大市场份额扩张幅度提供可能。中国应依托"一带一路"倡议、RCEP等，进一步提高中国"计算机、电子和光学产品制造业"最终产品在如世界其他经济体所包括的第三世界经济体的市场份额，利用这些经济体巨大的建设需求来消化中美贸易摩擦所带来的中国"计算机、电子和光学产品制造业"最终产品的结构性外需衰退。

4.4.2 "计算机、电子和光学产品制造业"中间投入驱动型产业转移路径的演变分析

中国"计算机、电子和光学产品制造业"中间投入驱动型产业转移规模在两时期的变化与最终产品驱动型产业转移完全相反。如表4.3所示，中间投入驱动型产业转移规模在2007～2014年相比2000～2007年的增幅在所有经济体中以非常明显的优势名列第一，是排名第二的英国的49倍之多。由表4.4可得，中国"计算机、电子和光学产品制造业"中间投入驱动型产业转移规模在两时期的大幅上升主要受到中国自身和美国、韩国、巴西的驱动影响，其中中国自身的影响最强，达到中国总增幅的82.6%。同时，也有一些经济体所驱动的中国"计算机、电子和光学产品制造业"中间投入驱动型产业转移价值量呈现下降趋势，这些经济体主要是西班牙、德国、芬兰和爱尔兰等欧洲国家。

表 4.3 两时期世界部分经济体"计算机、电子和光学产品制造业"
中间投入驱动型产业转移规模的变化

变化方向	经济体	2000~2007年规模/万美元	2007~2014年规模/万美元	差额/万美元	降幅/增幅排名
上升	中国	8 283 186	44 007 103	35 723 917	1
	英国	−1 515 337	−790 347	724 990	2
	法国	−1 388 453	−1 030 872	357 581	3
下降	世界其他经济体	8 777 662	−296 215	−9 073 877	1
	韩国	2 486 160	−4 345 637	−6 831 797	2
	美国	−11 676 029	−14 612 377	−2 936 348	3

表 4.4 各经济体驱动的中国"计算机、电子和光学产品制造业"
中间投入驱动型产业转移规模在两时期的变化

变化方向	驱动经济体	2000~2007年规模/万美元	2007~2014年规模/万美元	差额/万美元	降幅/增幅排名
上升	中国	−2 946 581	26 559 129	29 505 710	1
	美国	1 921 588	4 608 650	2 687 062	2
	韩国	396 864	1 654 412	1 257 548	3
	巴西	122 537	556 373	433 836	4
下降	西班牙	343 029	108 579	−234 450	1
	德国	863 057	710 553	−152 504	2
	芬兰	208 842	107 031	−101 811	3
	爱尔兰	125 870	31 906	−93 964	4

世界各经济体在 2000~2007 年和 2007~2014 年由中国、美国、西班牙、德国驱动的"计算机、电子和光学产品制造业"中间投入驱动型产业转移规模的变化如图 4.6 所示。可以发现，在中国驱动的"计算机、电子和光学产品制造业"中间投入驱动型国际产业转移中，中国自身的产业转移规模呈现巨大的增幅。2000~2007 年中国受自身驱动的"计算机、电子和光学产品制造业"中间投入驱动型产业转移净转出 294.7 亿美元，2007~2014 年则净转入 2655.9 亿美元，不仅实现了从转出到转入的转变，且规模为之前的 9 倍。相对的，降幅最大的经济体为世界其他经济体、日本和韩国。这说明在 2007~2014 年，在中国各部门的生产过程中，更多地使用了中国境内的"计算机、电子和光学产品制造业"产品作为中间投入，对进口中间产品有所替代。

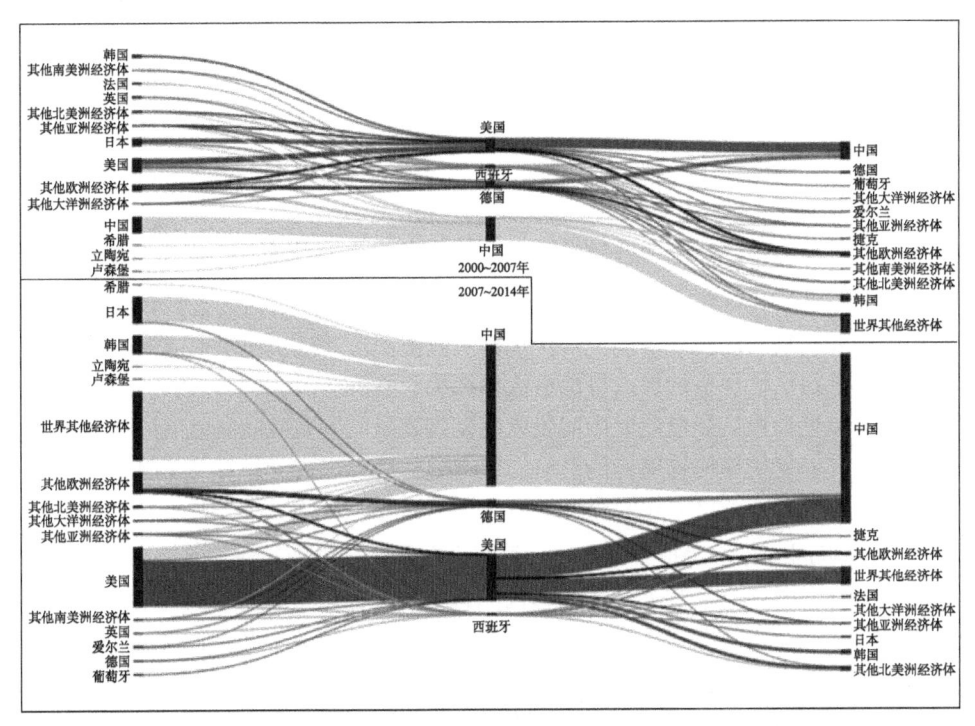

图 4.6　由中国、美国、西班牙、德国驱动的"计算机、电子和
光学产品制造业"中间投入驱动型产业转移规模的变化

在两时期美国驱动的世界各经济体"计算机、电子和光学产品制造业"中间投入驱动型产业转移中，增幅最大的经济体是中国、世界其他经济体、日本和韩国。其中，中国和世界其他经济体在2007~2014年实现了更大规模的产业转移转入，日本和韩国则完成了产业转移由转出到转入的转变。相对的，降幅最大的经济体为美国、德国、爱尔兰和葡萄牙。这四个经济体在2007~2014年受美国驱动的"计算机、电子和光学产品制造业"中间投入驱动型产业转移均表现为转出。这说明在美国各部门的生产环节中，更多地使用了来自以中国为代表的亚洲经济体或其他发展中经济体的"计算机、电子和光学产品制造业"中间产品，对美国自身的本土中间产品和来自德国等欧洲经济体的进口中间产品进行了替代。

西班牙驱动的"计算机、电子和光学产品制造业"中间投入驱动型国际产业转移中，增幅最大的经济体是美国、英国、法国和世界其他经济体。其中，美国和英国在2007~2014年的转出规模有所减小，法国实现了产业转出到转入的转变，世界其他经济体则承接了更大规模的产业转入。这说明在西班牙的生产环节中，对美国和英国"计算机、电子和光学产品制造业"中间产品的替代有所趋缓，对法国的中间产品使用有所回升。对应的，降幅最大的经济体为中国、德国、韩国。其中，中国在2007~2014年承接的产业转入规模有所下降，其他经济体均由产业转移转入转变为转出。这说明在西班牙的生产环节中，中国"计算机、电子和光学产品制造业"中间产品对其他经济体的替代有所趋缓。

德国的驱动情况与西班牙相似。在两时期德国驱动的世界各经济体"计算机、电子和光学产品制造业"中间投入驱动型产业转移中增幅最大的也是美国，且美国在2007~2014年也仍表现为产业转移转出。同时，中国在2007~2014年仍表现为转入，但承接的产业转入规模与2000~2007年相比有所下降。这同样说明在德国的生产环节中，中国"计算机、电子和光学产品制造业"中间产品对其他经济体的替代有所趋缓，美国产品的被替代也有所趋缓。

在中美经贸摩擦的大背景下，中国的"计算机、电子和光学产品制造业"中间产品在美国生产环节的投入可能会大幅减少，因此，受美国驱动的中国"计算机、电子和光学产品制造业"中间投入驱动型产业转移规模可能受到严重打压。因此，针对上述产业转移路径的分析，本节对中国"计算机、电子和光学产品制造业"中间产品提出以下政策建议。

（1）巩固并进一步提升国产"计算机、电子和光学产品制造业"中间产品在中国各部门生产环节中对进口品的替代能力，利用加工贸易出口的产能需求全产业链的提升中国对国产"计算机、电子和光学产品制造业"的中间产品消费，进而消化贸易摩擦导致的外需衰退。

考虑到中国仍是加工贸易出口的大国，且在加工贸易出口中"计算机、电子和光学产品制造业"产品占据了半壁江山。中国国内生产过程中对国产"计算机、电子和光学产品制造业"中间产品的需求仍有巨大的提升空间，这是应对中美贸易摩擦造成的外需衰退的潜在方案。

（2）加强并拓展与欧洲国家的全球价值链联系，提升中国"计算机、电子和光学产品制造业"中间产品在欧洲国家生产环节中的投入偏好，寻求新的外需增长点。

由上述分析可知，驱动中国"计算机、电子和光学产品制造业"中间投入驱动型产业转移规模下降的经济体主要集中在欧洲。这说明在2007~2014年欧洲各经济体的生产环节中，中国"计算机、电子和光学产品制造业"中间产品对其他经济体中间产品的替代或有趋缓，或被其他经济体所替代。作为全球贸易的重要参与者，欧洲各经济体在美国主导的贸易摩擦中必然也会受到消极影响。因此，中国可以加强并拓展与欧洲各经济体的贸易与价值链联系，在欧洲各经济体的生产环节中提升对中国中间产品的投入偏好，以新的贸易增长点来消化中美贸易摩擦所带来的中国"计算机、电子和光学产品制造业"中间产品的外需衰退。

由于美国单方面发起的经贸摩擦广泛针对了"中国制造2025"所涉及的相关行业产品，"中国制造2025"又涵盖了包括"计算机、电子和光学产品制造业"在内的绝大多数技术密集型高端制造业。因此，4.4.1节与4.4.2节中针对"计算机、电子和光学产品制造业"的政策建议亦可进一步延伸至其他技术密集型制造业，尤其是那些同样受中美贸易摩擦影响的行业。

4.5 中国"纺织业"产业转移路径的演变分析

4.5.1 "纺织业"最终产品驱动型产业转移路径的演变分析

表 4.5 展示了世界范围内"纺织业"最终产品驱动型产业转移规模在两时期变化较大的经济体,其中,中国在 2007～2014 年相比 2000～2007 年的降幅在所有经济体中名列第一,是排名第二的意大利 8.5 倍。然而,中国的降幅主要体现为承接产业转移规模的减小,其"纺织业"最终产品驱动型产业转移在 2007～2014 年仍承接产业转入。这说明截至 2014 年,中国纺织业尚未进入到产业对外净转出的阶段,仍处于产业净转入逐渐下降的阶段。

表 4.5 两时期世界部分经济体"纺织业"最终产品驱动型产业转移规模变化

变化方向	经济体	2000～2007年规模/万美元	2007～2014年规模/万美元	差额/万美元	降幅/增幅排名
下降	中国	9 871 337	2 612 598	-7 258 739	1
	意大利	-786 433	-1 643 756	-857 323	2
	法国	432 720	-387 566	-820 286	3
	巴西	-78 223	-531 045	-452 822	4
上升	美国	-4 131 127	-235 550	3 895 577	1
	世界其他经济体	1 633 664	2 965 963	1 332 299	2
	印度	-248 899	660 511	909 410	3
	土耳其	-433 303	466 863	900 166	4

如表 4.6 所示,中国"纺织业"承接的最终产品驱动型产业转移规模在两时期的大幅下降主要受到美国、俄罗斯、日本和世界其他经济体驱动路径的影响,分别达到下降总量的 30.2%、16.0%、15.5%和 12.6%。

表 4.6 各经济体驱动的中国"纺织业"最终产品驱动型产业转移规模在两时期的变化

变化方向	驱动经济体	2000～2007年规模/万美元	2007～2014年规模/万美元	差额/万美元	降幅排名
下降	美国	2 861 314	673 127	-2 188 187	1
	俄罗斯	1 103 999	-55 863	-1 159 862	2
	日本	1 273 599	147 817	-1 125 782	3
	世界其他经济体	1 348 286	437 499	-910 787	4

图 4.7 展示了世界各经济体在 2000～2007 年和 2007～2014 年由美国、俄罗斯、日本和世界其他经济体驱动的"纺织业"最终产品驱动型产业转移规模的变

化。可以发现，在两时期美国驱动的"纺织业"最终产品驱动型国际产业转移中，降幅主要集中在中国和世界其他经济体这两个发展中经济体。其中，中国在2007~2014年承接的产业转移规模有所减小，世界其他经济体则由净转入转变为了净转出。相对的，增幅最大的经济体为美国自身，其在2007~2014年产业转出的规模也有所减小。

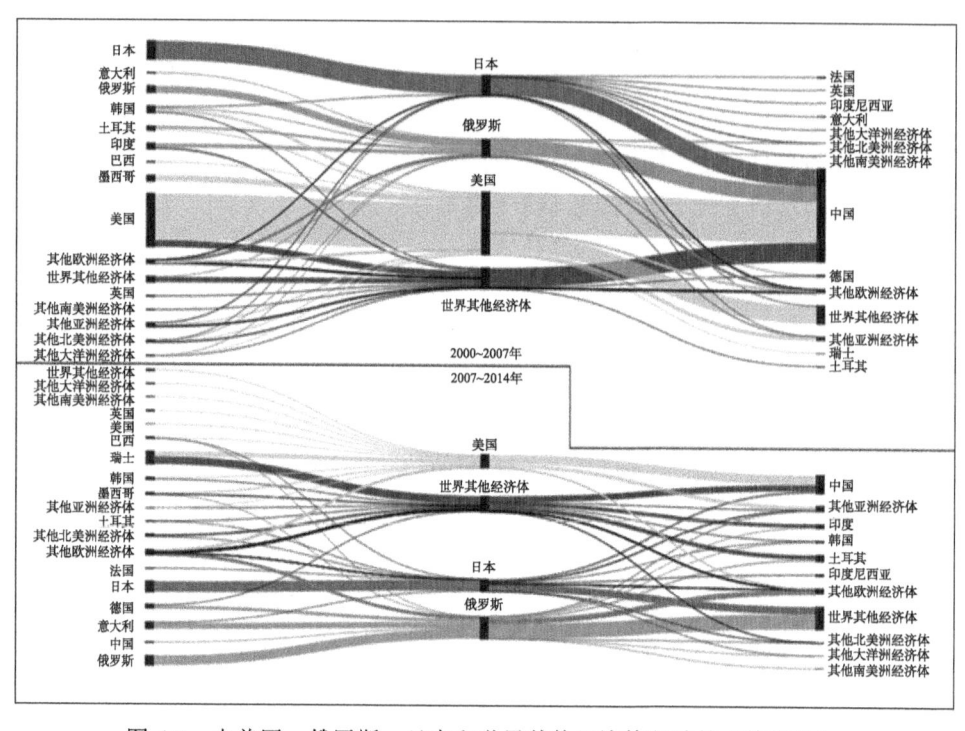

图 4.7 由美国、俄罗斯、日本和世界其他经济体驱动的"纺织业"
最终产品驱动型产业转移规模的变化

日本的驱动路径与美国相似。在2000~2007年和2007~2014年，日本所驱动的世界各经济体"纺织业"最终产品驱动型产业转移中，降幅最大的也是中国，且中国在2007~2014年也仍表现为产业转移转入。同时，增幅最大的经济体也为日本自身，其最终产品驱动型产业转移在2007~2014年也仍表现为净转出。美国和日本驱动的"纺织业"最终产品驱动型产业转移的路径变化说明，在2007~2014年，在美国和日本的"纺织业"最终产品市场中，中国产品对世界其他经济体的替代减弱，市场份额扩张幅度趋缓。同时，美国和日本自身的被替代情况也有所改善，市场份额下降幅度趋缓。美国和日本开始重视并加强本土"纺织业"最终产品在国内市场的消费。

在俄罗斯驱动的世界各经济体"纺织业"最终产品驱动型国际产业转移中，降幅最大的是中国，且中国由2000~2007年的承接产业转移转变为2007~2014

年的产业对外转出。同时，俄罗斯自身也表现为降幅，且在两时期均表现为产业转出。世界其他经济体与俄罗斯的情况有一定相似性。在世界其他经济体两时期驱动的世界各经济体"纺织业"最终产品驱动型产业转移中，降幅最大的也是中国，但中国在两时期均实现了产业转入。世界其他经济体自身也表现为降幅，且在两时期也均表现为产业转出。俄罗斯和世界其他经济体驱动的"纺织业"最终产品驱动型产业转移的路径变化说明，在2007~2014年，在世界其他经济体的"纺织业"最终产品市场中，中国对其他经济体的替代减弱，市场份额扩张幅度趋缓，在俄罗斯的"纺织业"最终产品市场，中国更是被其他经济体所替代。另外，在世界其他经济体和俄罗斯的"纺织业"最终产品市场中，其本土产品也进一步被其他经济体所替代，本土产品市场份额加速下降。

在美国、俄罗斯、日本和世界其他经济体的路径变化中，增幅最大的经济体中出现了较多的重合，主要集中在土耳其、印度和韩国。它们在这四个经济体的"纺织业"最终产品市场中，或是被替代的情况有明显好转，或是对其他经济体有进一步的替代。这说明，随着中国纺织业的替代效应的减弱，各经济体开始寻找新的新兴经济体（如印度）或老牌纺织业比较优势经济体（如土耳其）进行替代。

4.5.2 "纺织业"中间投入驱动型产业转移路径的演变分析

由图 4.3 可知，在中国其他的制造业部门中间投入驱动型产业净转入规模均有较大幅度提高的前提下，中国"纺织业"中间投入驱动型产业转移净转入规模在两时期基本持平。2000~2007 年，中国"纺织业"中间投入驱动型产业转移实现了 683.7 亿美元的净产业转入，在 2007~2014 年则为 686.0 亿美元，增幅仅为 0.3%。尽管总量基本持平，但是各经济体所驱动的中国"纺织业"中间投入驱动型产业转移在两时期则出现结构性分化，由表 4.7 可知，受印度尼西亚、澳大利亚和巴西驱动的中国"纺织业"中间投入驱动型产业转移转入量有所提升，受世界其他经济体、美国和中国自己驱动的中国"纺织业"中间投入驱动型产业转移转入量则有所下降。

表 4.7 各经济体驱动的中国"纺织业"中间投入驱动型产业净转入规模在两时期的变化

变化方向	驱动经济体	2000~2007年规模/万美元	2007~2014年规模/万美元	差额/万美元	降幅/增幅排名
上升	印度尼西亚	31 705	344 022	312 317	1
	澳大利亚	12 990	282 367	269 377	2
	巴西	144 708	247 969	103 261	3
下降	世界其他经济体	1 418 562	1 062 328	−356 234	1
	美国	697 771	561 634	−136 137	2
	中国	2 682 984	2 553 924	−129 060	3

图 4.8 展示了世界各经济体在 2000~2007 年和 2007~2014 年由印度尼西亚、澳大利亚和巴西驱动的"纺织业"中间投入驱动型产业转移规模的变化。可以发现，它们的驱动路径变化存在一定相似性。首先，它们驱动的"纺织业"中间投入驱动型国际产业转移中，增幅最大的经济体都是中国，且体现为中国承接的产业转移规模的扩大。这说明在这些经济体的生产过程中，中国"纺织业"中间产品对其他经济体有所替代，且替代效应大幅增强。相反的，降幅最大的都是本身，其中印度尼西亚和澳大利亚驱动的其自身的"纺织业"中间投入驱动型产业转移由承接产业转入转变为产业对外转出，巴西则是对外转出规模的进一步扩大。这说明这些经济体本土的"纺织业"中间产品已被其他经济体所替代。这些经济体驱动的产业转移路径中其他的主要增幅经济体出现了较大程度的重合，主要集中在韩国和世界其他经济体上，这说明除中国外，世界其他经济体所代表的新兴发展中经济体和如韩国等老牌新兴经济体均对其他经济体的"纺织业"中间产品有所替代。

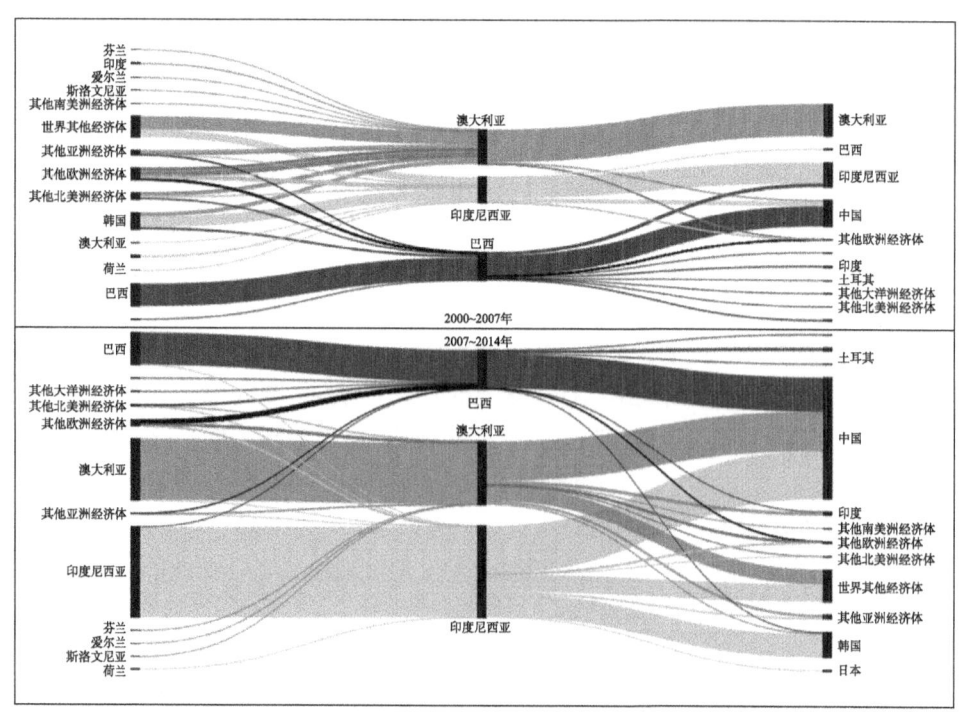

图 4.8 由印度尼西亚、澳大利亚和巴西驱动的"纺织业"
中间投入驱动型产业转移规模的变化

图 4.9 则给出了世界其他经济体、美国和中国在两时期驱动的"纺织业"中间投入驱动型产业转移的路径变化。可以发现，在世界其他经济体驱动的世界各经济体"纺织业"中间投入驱动型产业转移中，降幅最大的是世界其他经济体自身，

其次才是中国,且世界其他经济体和中国均呈现承接产业转入规模的减小。这说明2007~2014年,在世界其他经济体的生产环节中,世界其他经济体本土和中国的"纺织业"中间产品仍然对其他经济体有所替代,但替代幅度有所趋缓。

美国驱动的"纺织业"中间投入驱动型国际产业转移中,降幅排名前二的也分别是世界其他经济体和中国,且在两时期也均呈现承接产业转入规模的减小。同时,增幅则主要集中在美国自身,表现为产业对外转出规模的减小。这说明,在美国的生产环节中,世界其他经济体和中国的"纺织业"中间产品对其他经济体仍有所替代,但替代幅度有所趋缓,美国本土中间产品也仍被其他经济体所替代,但幅度也有所趋缓。

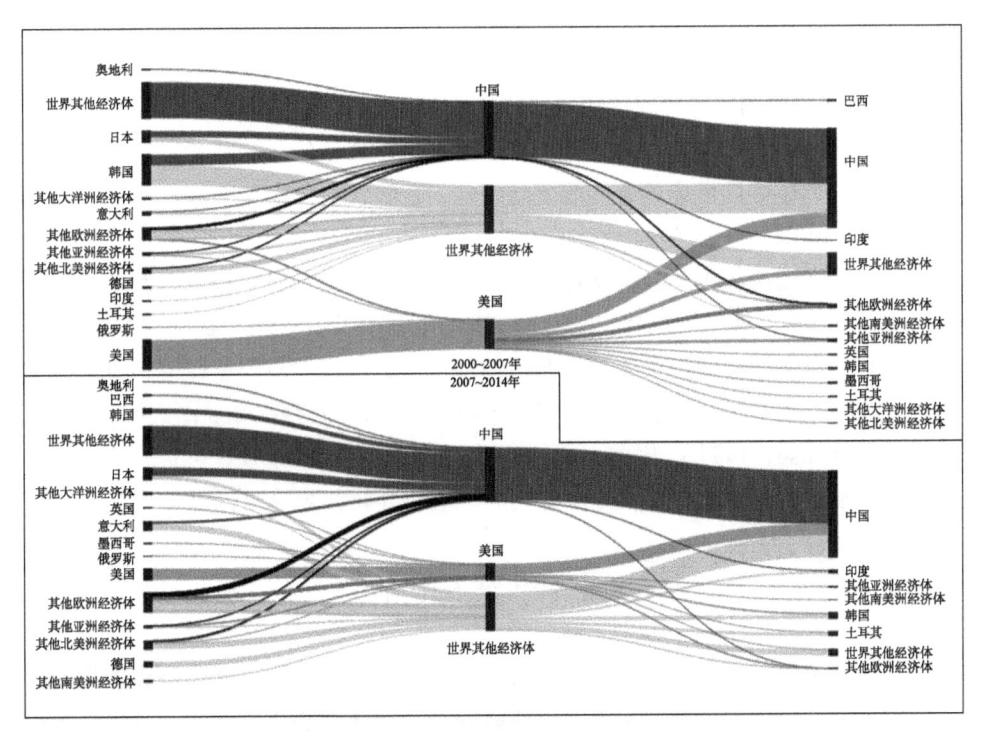

图 4.9　世界其他经济体、美国和中国在两时期驱动的
"纺织业"中间投入驱动型产业转移的路径变化

中国驱动的"纺织业"中间投入驱动型国际产业转移中,降幅排名第一的是中国自身,但该降幅占中国所承接的产业净转入规模的比重较小。2007~2014年,中国驱动的自身"纺织业"中间投入驱动型产业转移转入量为 255.4 亿美元,与 2000~2007 年相比仅下降 12.9 亿美元。这说明中国在两时期中间生产环节中,本土"纺织业"中间产品对其他经济体的替代幅度持平略减。

另外,中国和世界其他经济体所驱动的世界各经济体"纺织业"中间投入驱动型产业转移中,除了自身都是降幅最大经济体外,增幅经济体中也出现较大重合，主要集中在韩国和印度。这进一步佐证了前文的分析结果，即新兴发展中经济体和老牌新兴经济体在承接"纺织业"国际产业转移中，均出现上升势头。

随着中国经济的不断发展和产业结构的持续升级，产业对外转移将成为中国经济新常态的重要特征。"纺织业"作为中国产业对外转移的典型行业，其对外转移的效果和探索路径也将为中国产业对外转移进程夯实基础。同时，面临中美经贸摩擦的外部压力，合理有序组织"纺织业"产业对外转移，以规避额外关税所导致的订单损失将是最有效的手段之一。本节对"纺织业"产业对外转移提出以下政策建议。

（1）在推动中国"纺织业"合理有序对外转移的同时，时刻关注国内的"纺织业"创新发展，严防对外转移过快形成的"产业空心化"，为中国"纺织业"向全球价值链高端攀升争取时间。

（2）建立适当、完善的"纺织业"企业对外转移机制，在"纺织业"对外转移承接国的选择上更加多样化，不仅可以选择生产成本较低、产业需求较大的发展中经济体，还可以考虑具有传统"纺织业"比较优势的老牌新兴经济体，如韩国、土耳其等。

由于美国政府在中美经贸摩擦中曾一度宣称要对全部自中国进口商品施加额外关税，而包括"纺织业"在内的劳动密集型行业是中国主要的出口行业。因此，劳动密集型行业均将面临中美贸易摩擦的冲击。另外，针对产业转移的机理研究中普遍认为劳动密集型行业是首先实现产业对外转移的行业（Scott，2006；Lewis，1992；Akamatsu，1937），因此，本节针对"纺织业"的政策建议可进一步延伸至其他劳动密集型制造业，尤其是那些初具产业对外转移规模的行业。

4.6 小结与讨论

2018年起持续至今的中美经贸摩擦对中国参与的国际产业转移造成了指向性的深刻影响。随之产生的关于中国供应链安全、产业空心化风险和产业链外迁的一众议题也引发了经济学者和政策制定者的热烈讨论。那么，对于中国受中美经贸摩擦影响的典型制造业——"计算机、电子和光学产品制造业"和"纺织业"，它们过去的产业转移路径是怎样演变的呢？它们又能从过去的产业转移路径演变中得到哪些启示以应对将在中长期拉锯的中美贸易摩擦呢？针对这些问题，本章对中国"计算机、电子和光学产品制造业"和"纺织业"在2000～2007年和2007～2014年的产业转移路径进行了实证分析，得到如下结论。

中国"计算机、电子和光学产品制造业"和"纺织业"在2000～2014年的产业转移规模变化均呈现出与其类似行业（分别对应技术密集型与劳动密集型制造业）的显著异质性，这进一步凸显了对这两个行业产业转移路径研究的必要性。

根据二者产业转移路径变化的分析结果可知，首先，尽管两个行业的最终产品驱动型产业转移均出现产业净转入规模的大幅下降，但该下降所对应的获益经济体却截然不同。对于"计算机、电子和光学产品制造业"，中国承接产业转移规模下降的获益经济体主要集中于以美国为首的发达经济体，而对于"纺织业"，这一下降的获益经济体则更多涉及各新兴经济体。其次，这两个行业中间投入驱动型产业转移的路径变化截然不同，"计算机、电子和光学产品制造业"凭借其中间产品在中国国内的生产环节中大幅替代进口产品实现中间投入驱动型产业转移的大幅上升，而"纺织业"的中间投入驱动型产业转移在两阶段则几乎持平。

根据中国"计算机、电子和光学产品制造业"和"纺织业"在两时期的产业转移路径变化，本章为这两个行业应对中美贸易摩擦提供了若干建议。考虑到"计算机、电子和光学产品制造业"和"纺织业"分别作为中国技术密集型和劳动密集型制造业的代表性行业，其应对中美贸易摩擦的相关策略也可以进一步延伸至同类型的其他行业。因此，所得出的主要政策建议如下。

（1）对"计算机、电子和光学产品制造业"等技术密集型制造业，尤其是那些同样涉及"中国制造2025"并被中美贸易摩擦所针对的行业，在中美贸易摩擦导致产品外需衰退的大背景下，进一步加强中国本土产品对进口产品的替代是最有效的应对手段。同时，其他发展中经济体与欧洲各经济体将分别成为其最终产品和中间产品的主要潜在外需增长点。

（2）对于"纺织业"等劳动密集型制造业，尤其那些对外转移已初具规模的行业，在中美贸易摩擦冲击的大背景下，合理有序组织产业进一步对外转移将是规避冲击的最有效手段。在产业对外转移的进程中，严防对外转移过快形成的"产业空心化"，关注中国产业的价值链攀升是第一要务。此外，在对外转移承接国的选择上可以更加多样化，不仅可以选择生产成本较低、产业需求较大的发展中经济体，还可以考虑在相关行业具有传统比较优势的老牌新兴经济体。

综合第2章至第4章的研究来看，全球产业转移价值量测度模型能够为国际产业转移的历史演变进行清晰刻画。然而，由于这一测度方法依赖于世界投入产出表，而世界投入产出表的发布又通常存在较强的时间滞后性，因此这一模型更多地应用在国际产业转移的事后分析研究中。另外，在全球金融危机、中美贸易摩擦、新冠疫情等一系列重大突发事件的接连冲击下，全球价值链面临着较大的重构压力，全球产业布局可能会有重大变化。在这一背景下，产业转移的选址决策是另一个重要的研究问题，而产业梯度系数正逐渐成为解答这一问题的最具影响力的事前指标之一。然而，现有文献中尚没有研究可以验证产业梯度系数是否能准确揭示产业转移方向，一旦不能，则可能影响相关研究结果。因此，在下一章中我们将基于全球产业转移价值量测度模型的测算结果，对产业梯度系数揭示产业转移方向的准确性进行验证。

第 5 章

产业梯度系数能够准确揭示产业转移方向吗？

5.1 产业转移与产业梯度系数

过去的三四十年间，中国凭借低廉的生产要素价格、优良的基础设施、促进出口的优惠措施等比较优势大规模承接了全球产业转移，迅速发展成为全球生产网络中的核心生产基地（卢进勇等，2016；荆林波和袁平红，2019）。然而，2008年以来，全球金融危机、中美贸易摩擦、新冠疫情等一系列国际重大突发事件的接连爆发严重冲击了全球生产网络，发达经济体先后以价值链分工中的获利公平性问题和供应链安全为由主导全球产业布局重构（梁明，2019；Brakman et al.，2020）。当前，关于部分产业链/价值链的逆全球化趋势已经在前沿研究中被广泛讨论（Livesey，2017，2018；Oldekop et al.，2020），全球产业布局的重构和这一过程中的极大不确定性已经是大部分研究中的共识（Brakman et al.，2020；Gereffi，2020），而中国这一全球生产网络中的核心生产基地深受影响。

在全球产业布局面临重构的同时，国内区域发展不平衡现象也越发成为中国经济主战场上的重要问题，东西部经济发展差异尚未得到明显的改善，南北部经济发展分化趋势也有所凸显（洪银兴，2002；盛来运等，2018）。在此双重背景下《中共中央关于制定国民经济和社会发展第十四个五年规划和二〇三五年远景目标的建议》提出加快构建以国内大循环为主体、国内国际双循环相互促进的新发展格局，而推动国际和国内区域间科学、有序的产业转移将成为构建"双循环"新发展格局的关键动力和重要手段，合理引导产业转移、优化产业结构将成为政学两界的共同目标。其中，产业梯度系数作为产业转移决策分析领域最具影响力的量化指标之一，将成为实现这一目标的重要工具。

产业梯度的概念源自产业转移的梯度推移理论。戴宏伟等（2003）最先用区位商和比较劳动生产率的乘积来衡量区域产业梯度水平，并称为产业梯度系数。

在此基础上，熊必琳等（2007）进一步加入了比较资本产出率，提出了修正的产业梯度系数。在产业转移决策分析领域的研究中，张述存和顾春太（2018）基于产业梯度系数和产业关联系数识别出山东省具有较大发展潜力的行业，并结合德国的优势产业对山东省和德国应在哪些重点领域进行产业合作提供了建议；彭继增等（2017）基于产业梯度系数证明了东部沿海地区产业存在向长江中上游地区转移的客观条件和动力，并给出了长江中上游各地区重点承接行业的建议；韩文琰（2017）基于产业梯度系数和产业关联系数对天津各行业的承接基础进行了定量分析，对天津应在哪些行业积极承接产业转移提出了建议；李然和马萌（2016）基于产业梯度系数对京津冀地区产业合理布局、产业错位发展的途径给出了建议；龚晓菊和刘祥东（2012）基于产业梯度系数得出西部十省份各自具有竞争优势的产业和应当承接长三角、珠三角和环渤海经济圈产业转移的重点行业，为中国东部地区产业向西部地区转移提供了规划建议；贺清云等（2010）对中国中部地区承接产业转移的行业选择进行了分析；刘满平（2004）基于产业梯度系数等指标刻画了"泛珠江"区域的产业梯度，并基于此提出了构建该地区产业转移机制的相关建议。然而，尽管产业梯度系数已经被广泛应用于产业转移决策的相关研究中，但尚没有研究系统验证产业梯度系数是否能够准确揭示产业转移方向。如若不能，将严重误导基于产业梯度系数的学术研究结果和政策制定效果。

缺乏恰当的产业转移测度指标是产业梯度系数的准确性未能得到验证的主要原因。纵览现有文献中主流的产业转移测度指标（详见 2.1 节）：基于企业调研的测度指标由于其数据可得性、样本代表性和覆盖时间段在不同地区存在较大差异，因此通常难以体现某一行业或者某一区域的产业转移全景，进而难以应用于产业梯度系数准确性的检验。基于产业分布的测度指标依赖于高度集成的宏观经济数据，难以区分经济发展的效应和产业转移的影响，且区位商作为经典的基于产业分布的产业转移指标，本身就是产业梯度系数的构成因子，因此，这类指标从构建之初便与产业梯度系数存在一定相关性，不适用于验证产业梯度系数的准确性。基于投入产出的测度指标尽管能通过对各地区、各行业之间复杂的投入产出关系的系统刻画克服上述两类指标的局限性，但是其中的贸易增加值指标由于不同生产环节的价值捕获能力的差异存在测度偏差的可能，而 Fan 和 Liu（2021）、刘红光等（2011）基于产出的测算方法则与传统的产业转移定义存在较大出入，进而导致测算结果的误差。这些测度偏差也将降低产业梯度系数验证的可信度。

综上，本章基于全球产业转移价值量测算模型的核算结果，对产业梯度系数揭示产业转移方向的准确性进行检验，对造成偏误的原因进行系统分析并做进一步验证，从而夯实产业梯度系数在产业转移决策分析领域的实证应用价值。

5.2 产业梯度系数的测度与数据来源

5.2.1 产业梯度系数的测度

产业梯度系数的理论基础来自产业转移的梯度推移理论。传统的梯度推移理论认为各地区的经济发展总是处于不平衡状态，客观上会形成经济梯度，产生经济推移的动力，形成产业的空间转移（李国平和赵永超，2008）。在这一过程中，高梯度地区会先引进和掌握先进技术，产生集聚型的产业转移，而后生产技术和生产能力会逐步向中、低梯度地区溢出，产生扩散型产业转移。伴随着产业活动的转移，产业转出地的产业梯度会有所下降，转入地的产业梯度则会随之上升（熊必琳等，2007）。自20世纪80年代初引入中国以来，梯度推移理论在中国的经济战略制定中发挥了重要作用，逐渐成为指导中国区域经济发展实践的主流学说（成祖松，2013）。

而在产业梯度系数的量化研究方面，戴宏伟等（2003）最先用区位商和比较劳动率的乘积来衡量区域产业梯度水平，并称之为产业梯度系数。

$$\mathrm{IGC}_{ri} = \mathrm{LQ}_{ri} \times \mathrm{LP}_{ri} \tag{5.1}$$

$$\mathrm{LQ}_{ri} = \frac{\dfrac{Y_{ri}}{\sum_{i} Y_{ri}}}{\dfrac{\sum_{r} Y_{ri}}{\sum_{r}\sum_{i} Y_{ri}}} \tag{5.2}$$

$$\mathrm{LP}_{ri} = \frac{\dfrac{Y_{ri}}{L_{ri}}}{\dfrac{\sum_{r} Y_{ri}}{\sum_{r} L_{ri}}} \tag{5.3}$$

其中，Y_{ri}和L_{ri}分别为r地区i部门的产出和从业人数。LQ_{ri}为r地区i部门产出的区位商，用来衡量i部门在r地区的产业份额（$\dfrac{Y_{ri}}{\sum_{i} Y_{ri}}$）相对于整体平均水平（$\dfrac{\sum_{r} Y_{ri}}{\sum_{r}\sum_{i} Y_{ri}}$）的大小。若$\mathrm{LQ}_{ri} > 1$，意味着$i$部门在$r$地区的产业份额大于整体平均水平，则$i$部门在$r$地区具有比较优势。$\mathrm{LP}_{ri}$为$r$地区$i$部门的比较劳动生产率，

用来衡量 r 地区 i 部门的劳动生产率（$\frac{Y_{ri}}{L_{ri}}$）相比整体平均水平（$\frac{\sum_r Y_{ri}}{\sum_r L_{ri}}$）的大小。

若 $\text{LP}_{ri} > 1$，意味着 i 部门在 r 地区的劳动生产率大于整体平均水平，则 i 部门在 r 地区具有生产率优势。产业梯度系数在区位商的基础上，补充了劳动生产率的区域差异给产业成长带来的影响，扩充了对产业优势的解释力度。r 地区 i 部门产业梯度系数越大，则或者其相对规模（LQ_{ri}）越大，产业比较优势越强；或者其比较劳动生产率（LP_{ri}）越大，生产效率越高；或者两者兼得。因此产业梯度系数越大，该产业在该地区的优势程度就越高。

熊必琳等（2007）进一步在产业梯度系数的测度中加入了比较资本产出率（KP_{ri}），提出了修正的产业梯度系数。

$$\text{IGC}_{ri}^{ad} = \text{LQ}_{ri} \times \text{LP}_{ri} \times \text{KP}_{ri} \tag{5.4}$$

$$\text{KP}_{ri} = \frac{\dfrac{Y_{ri}}{K_{ri}}}{\dfrac{\sum_r Y_{ri}}{\sum_r K_{ri}}} \tag{5.5}$$

其中，K_{ri} 为对 r 地区 i 部门的资本投入；KP_{ri} 为 r 地区 i 部门的比较资本产出率，用来衡量 r 地区 i 部门的资本产出率（$\frac{Y_{ri}}{K_{ri}}$）相比整体平均水平（$\frac{\sum_r Y_{ri}}{\sum_r K_{ri}}$）的大小。

若 $\text{KP}_{ri} > 1$，意味着 i 部门在 r 地区的资本生产率大于整体平均水平，资本投入更有效率。然而，尽管修正的产业梯度系数进一步涵盖了资本生产率的区域差异给产业成长带来的影响，从而扩充了其对产业优势的解释力度，但是资本投入数据通常缺乏统计基础，在相关测算过程中又存在较多假设（如折旧计算方式等），因此在本章的实证研究中，仍采取原始的产业梯度系数进行研究。

5.2.2 产业梯度系数准确性的验证方法

基于全球产业转移价值量测度模型对国际产业转移规模进行测算后（详见 2.2 节），可得 r 国 i 行业在中间产品的产业转移价值量为（$\text{M4M}_{ri} + \text{F4M}_{ri}$），在最终产品的产业转移价值量为（$\text{F4F}_i$）。若 $\text{M4M}_{ri} + \text{F4M}_{ri} > 0$（$<0$），则 i 行业的中间产品产能大体上向（从）r 国转入（转出），类似的，若 $\text{F4F}_i > 0$（<0），则 i 行业的最终产品产能大体上向（从）r 国转入（转出）。

同时，分别计算 r 国 i 行业的中间产品和最终产品在基期和报告期的产业梯度

系数 $\text{IGC}^t_{ri\_m}$ 和 $\text{IGC}^t_{ri\_f}$（$t=t_0$ 或 t_1），若 $(\text{IGC}^{t_1}_{ri\_m}-\text{IGC}^{t_0}_{ri\_m})\times(\text{M4M}_{ri}+\text{F4M}_{ri})>0$，则说明 r 国 i 行业中间产品的产业梯度系数从基期到报告期的变化对产业转移方向的揭示结果与产业转移价值量的测算结果是一致的，则产业梯度系数的揭示结果是准确的（否则就是不准确的）。同样地，若 $(\text{IGC}^1_{ri\_f}-\text{IGC}^0_{ri\_f})\times\text{F4F}_i>0$，则说明 r 国 i 行业最终产品的产业梯度系数从基期到报告期的变化对产业转移方向的揭示结果是准确的。本章将统计产业梯度系数揭示不准确结果的数量并计算其在总体中的占比，从而论证产业梯度系数揭示产业转移方向的准确性。

5.2.3 数据来源与数据处理

产业梯度系数需要分别测算各经济体分行业的区位商和比较劳动生产率。区位商的测算基于世界投入产出表中的中间产品产出和最终产品产出数据。考虑到跨国企业在进行产业转移决策时，其目标在于利润最大化或成本最小化，因此其并非追求单位劳动力对应产出大小，而是劳动力的单位报酬对应的产出大小。基于此，本章在计算比较劳动生产率时，将式（5.3）中对应的劳动力变量替换为劳动力报酬变量，该数据来源于 WIOD 社会经济账户（world input-output database socio-economic accounts，WIOD-SEA）。

由于 WIOD-SEA 提供的各经济体分行业劳动力报酬数据以当地货币计价，因此，本章先利用 WIOD-SEA 中同样以当地货币计价的各经济体分行业总产出数据消除汇率的影响，再利用世界投入产出表中以美元值计价的总产出数据进行加权，计算所有地区的平均劳动生产率［即式（5.6）倒数］，代入式（5.3）的分母中。具体公式如下：

$$\frac{\sum_r L_{ri}^{\text{dollar}}}{\sum_r Y_{ri}^{\text{dollar}}}=\frac{\sum_r \varphi_r L_{ri}^{\text{local}}}{\sum_r \varphi_r Y_{ri}^{\text{local}}}=\sum_r \frac{\varphi_r L_{ri}^{\text{local}}}{\varphi_r Y_{ri}^{\text{local}}}\frac{\varphi_r Y_{ri}^{\text{local}}}{\sum_r \varphi_r Y_{ri}^{\text{local}}}=\sum_r \frac{L_{ri}^{\text{local}}}{Y_{ri}^{\text{local}}}\frac{Y_{ri}^{\text{dollar}}}{\sum_r Y_{ri}^{\text{dollar}}} \quad (5.6)$$

其中，L_{ri}^{local} 和 Y_{ri}^{local} 分别为 WIOD-SEA 中以当地货币计价的各经济体分行业劳动力报酬数据和总产出数据；Y_{ri}^{dollar} 为世界投入产出表中以美元值计价的总产出数据。当测度中间产品和最终产品的产业梯度系数时，L_{ri}^{local} 和 Y_{ri}^{dollar} 分别对应中间产品和最终产品部门的总产出。

5.3 产业梯度系数准确性基准检验与偏差分析

本节将基于全球产业转移价值量测度模型的核算结果，对产业梯度系数揭示产业转移方向的准确性进行检验，对造成偏误的原因进行系统分析，并针对每一种可能原因做进一步的详细验证。

5.3.1 基准检验结果

本章利用相同时期内产业转移价值量的核算结果对产业梯度系数变化所揭示的产业转移方向的准确性[①]进行初步检验。如 5.2.2 节所述，若产业转移价值量为正（负），且同时期期末产业梯度系数相比期初上升（下降），则产业梯度系数在该时期准确，否则不准确。2008 年全球金融危机的爆发极大地增加了全球产业布局演变的不确定性，从而可能导致产业转移方向的转变。在大多数经济学文献中，通常将全球化的发展阶段切分为 2008 年全球金融危机前的高速发展阶段和 2008 年全球金融危机后的降速阶段（Antràs，2021）。测算时期同时涵盖两个阶段可能会导致不同阶段产业转移趋势的互相抵消，从而弱化各类产业转移指标的揭示力度，且部分金融危机的影响可能在 2008 年全球金融危机前就已显现，因此本节以 2007～2014 年为测算时期，对产业梯度系数的准确性进行基准检验，如表 5.1 所示。对大部分制造业部门来说，产业梯度系数对产业转移方向的揭示是准确的；出现不一致情况的占比约为 20%～25%。那么，是哪些潜在原因造成了这一偏差呢？

表 5.1　2007～2014 年产业梯度系数准确性初步检验结果

检验因素	中间产品	最终产品
总制造业部门数量/个	774	774
出现产业转移的部门数量/个	767	767
不一致个数/个	158	191
不一致个数的占比	20.60%	24.90%

注：WIOD-SEA 中没有提供世界其他经济体的劳动力补偿数据，因此本节的检验仅针对世界投入产出表中列示的 43 个经济体，每个经济体有 18 个制造业部门，因此共有 43×18=774 个制造业部门。不一致个数指的是产业梯度变化方向与产业转移核算结果不一致，即产业转移价值量为正（负），但期末产业梯度系数相比期初下降（上升）

5.3.2 影响产业梯度系数准确性的原因分析

1. 可能性一：基准检验中设定的测算时期跨度过长

对任意给定时间段，产业转移价值量测度的是整个时期的产业转移规模。因此，如果测算的时期跨度过长，整个时期加总的产业转移方向与靠近期末的产业转移方向可能会有所出入。同时，产业梯度系数作为产业转移决策分析领域的前瞻性指标，其变化存在一定的预测性，变化速度较快、幅度较大。因此，设定的

---

① 在后文中简称为"产业梯度系数准确性"。

测算时期跨度过长可能导致产业转移价值量的测算结果与产业梯度系数的变化方向不一致。

另外，因产业转移粘性的存在，如果设定的测算时期跨度过短，同样可能造成产业梯度系数的不准确。关于这一方面的论述请详见可能性三。

2. 可能性二：存在逆梯度变化的产业转移

基准检验的时期设定为 2007~2014 年。其间，2008 年全球金融危机的爆发加速了全球经济贸易格局的重构，贸易保护主义在全球范围有所抬头，制造业回岸生产趋势在发达经济体开始出现（详见第 3 章）。因此，在这一时期可能存在逆梯度变化的产业转移，即生产活动回流至劳动生产率下降、不具备比较优势的地区，导致产业梯度系数存在偏差。

3. 可能性三：产业转移存在粘性

与产业梯度系数的迅速变化相比，产业转移的实际发生存在一定程度滞后性，也被称为"产业转移粘性"（罗浩，2003）。这种粘性或源自经济主体意识到各区域比较优势变化的滞后性，或源自寻找新的产业转移目的地所需要投入的时间，以及投资、贸易行为的惯性等。现有文献已经从劳动力自由流动、产业转移成本、产业集群等多个角度对产业转移粘性进行了研究（吴安，2004；陈建军，2002；郭丽，2009）。因此，产业转移粘性可能会导致产业转移方向与产业梯度系数变化方向的不一致。

4. 可能性四：优势缓冲效应、产业分类难以细化至具体产品等

优势缓冲效应是指某些行业在某些区域存在极大的产业优势。尽管其产业梯度系数有所下降，但其较世界平均水平依然处于较高位置，仍然能够造成"极化效应"（Myrdal，1957）。换句话说，即该区域的产业梯度系数存在较大的缓冲区间，在这段区间中，即使产业梯度系数有小幅下降，产业仍然能够转入该区域，导致产业梯度系数对产业转移方向揭示的不准确。

产业分类难以细化至具体产品是产业梯度系数等宏观指标构建中无法避免的潜在缺陷。由于现实生活中产品种类不胜枚举，在国民经济统计中，通常将产品按照其功能、材料、用途等属性划分至某一产业分类中，并视同一产业中的产品为同质。但实际上，同一产业中的不同产品可能在生产技术上存在较大异质性。类似的，在全球价值链不断延伸的今天，价值链上的不同生产环节同样可能在生产率水平上出现较大差距。而当低生产率水平的产品或生产环节集聚到单一地区时，该地区的产业梯度系数可能在承接产业转移的同时出现下降，从而造成产

梯度系数的偏差。

5.4 产业梯度系数准确性的偏差验证

5.4.1 关于基准检验中设定的测算时期跨度过长的偏差验证

针对这一可能，本节将缩短测算时期跨度，分别测算 2011～2014 年以及 2013～2014 年产业梯度系数变化揭示产业转移方向的准确性，并与 2007～2014 年的结果进行比较。结果如表 5.2 所示，随着测算时期跨度的不断缩短，产业梯度系数的准确性并未得到明显改善，反而出现进一步的减弱。这说明测算时期跨度过长不是导致产业梯度系数出现偏差的主要原因。

表 5.2 缩短时期跨度后的产业梯度系数准确性检验

检验因素	中间产品 2007～2014 年	中间产品 2011～2014 年	中间产品 2013～2014 年	最终产品 2007～2014 年	最终产品 20011～2014 年	最终产品 2013～2014 年
总制造业部门数量/个	774	774	774	774	774	774
出现产业转移制的部门数量/个	767	767	767	767	767	767
不一致个数/个	158	173	233	191	192	216
不一致个数的占比	20.60%	22.56%	30.38%	24.90%	25.03%	28.16%

注：WIOD-SEA 中没有提供世界其他经济体的劳动力补偿数据，因此本节的检验仅针对世界投入产出表中列示的 43 个经济体，每个经济体有 18 个制造业部门，因此共有 43×18=774 个制造业部门。不一致个数指的是产业梯度变化方向与产业转移核算结果不一致，即产业转移价值量为正（负），但期末产业梯度系数相比期初下降（上升）

5.4.2 关于逆梯度变化的产业转移的偏差验证

Delis 等（2019）证实了发达经济体中现存的产业"回岸"现象的增长态势是在 2008 年全球金融危机后开始出现的。因此，针对存在逆梯度变化的产业转移这一可能，本节将分别检验 2004～2007 年，2007～2010 年和 2010～2013 年三个等距时期中产业梯度系数的准确性。如图 5.1 所示，2004～2007 年，国际贸易总量不断攀升，全球化形势向好；2007～2010 年，全球金融危机爆发，全球经贸格局发生骤变，贸易总量剧烈波动；2010～2013 年，全球贸易总量回归增长趋势，但增速减缓。三个时期分别对应全球金融危机发生前、中、后时期。检验结果如表 5.3 所示，无论全球金融危机发生前后，产业梯度系数准确性均未发生明显变化。因此，逆梯度变化的产业转移不是造成产业梯度系数出现偏差的主要原因。

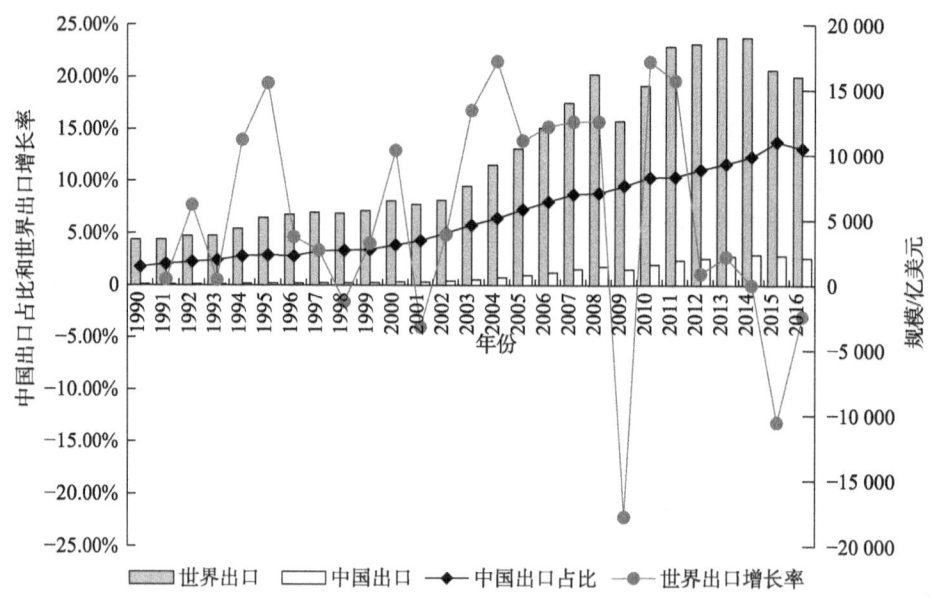

图 5.1　1990~2016 年世界商品出口情况

资料来源：世界贸易组织

表 5.3　2008 年全球金融危机发生前、中、后时期的产业梯度系数准确性检验

检验因素	中间产品			最终产品		
	2004~2007 年	2007~2010 年	2010~2013 年	2004~2007 年	2007~2010 年	2010~2013 年
总制造业部门数量/个	774	774	774	774	774	774
出现产业转移的部门数量/个	767	767	767	767	767	767
不一致个数/个	200	202	155	196	201	191
不一致个数的占比	26.08%	26.34%	20.21%	25.56%	26.21%	24.90%

注：WIOD-SEA 中没有提供世界其他经济体的劳动力补偿数据，因此本节的检验仅针对世界投入产出表中列示的 43 个经济体，每个经济体有 18 个制造业部门，因此共有 43×18=774 个制造业部门。不一致个数指的是产业梯度变化方向与产业转移核算结果不一致，即产业转移价值量为正（负），但期末产业梯度系数相比期初下降（上升）

5.4.3　关于产业转移粘性的偏差验证

考虑到产业转移势能的逐渐积累将在中长期克服产业转移粘性，因此，本节将先对 2004~2007 年产业梯度系数准确性进行检验，针对那些出现偏差的部门，本节将进一步检验在此后的等跨度时期内（2007~2010 年和 2010~2013 年），该偏差是否一直持续。若多数出现偏差的部门在后续时期依然出现偏差，则拒绝产业转移粘性的可能性；反之则接受。

如表 5.4 所示，多数情况下产业梯度系数变化方向和产业转移方向的不一致性并非长期持续。在 2004～2007 年出现偏差的部门中，仅有 28.50%的部门在 2007～2010 年继续保持偏差，而其中，又仅有 29.82%的部门（相当于 2004～2007 年出现偏差部门中的 8.5%）在 2010～2013 年继续保持偏差。因此，产业转移粘性确实是产业梯度系数存在偏差的主要原因之一。而这种产业转移粘性也赋予了产业梯度系数对产业转移方向的预测性，从而为基于产业梯度系数开展产业转移决策分析提供了支持。

表 5.4　对产业转移变化粘性的检验

检验因素	中间产品	最终产品
2004～2007 年出现偏差制造业部门个数/个	200	196
2007～2010 年继续偏差	57	62
占比	28.50%	31.63%
2010～2013 年继续偏差	17	23
占比	29.82%	37.10%
2007～2010 年出现偏差制造业部门个数/个	202	201
2010～2013 年继续偏差	41	56
占比	20.30%	27.86%

注：WIOD-SEA 中没有提供世界其他经济体的劳动力补偿数据，因此本文的检验仅针对世界投入产出表中列示的 43 个经济体，每个经济体有 18 个制造业部门，因此共有 43×18=774 个制造业部门。不一致个数指的是产业梯度变化方向与产业转移核算结果不一致，即产业转移价值量为正（负），但期末产业梯度系数相比期初下降（上升）

5.4.4　关于优势缓冲效应的偏差验证

从 5.4.3 节的检验结果来看，在排除产业转移粘性的影响后，2004～2007 年产业梯度系数出现偏差的中间产品和最终产品部门中仍分别有 17 个和 23 个部门的产业梯度系数持续存在偏差，占所有出现产业转移制造业个数的 2.2%和 3.0%。这部分长期偏差的存在可能来源于两个方面：一是该产业难以进行转移，如资源密集型制造业，这类产业即使比较优势发生变化，产业之间的转移壁垒较高，因此偏差存在的持续时间较长；二是可能性四，即优势缓冲效应、产业分类难以细化至具体产品等。由于产业转移壁垒难以量化，本节主要对优势缓冲效应和产业分类程度进行讨论。

事实上，由于对优势程度较大的阈值难以给出量化标准，即我们很难判断区位商和相对劳动生产率超过多少时可以被认为具有巨大优势，优势缓冲效应的验证较难进行。同时，现有的公开数据时期跨度有限，无法验证优势缓冲效应减弱后产业梯度系数的准确性是否能进一步得到改善。另外，部门分类问题是指标构建和数据统计过程中的根本缺陷，同样无法给出量化指标进行证明。因此，本节的验证难以给出标准化的定量验证过程，而是结合经济现实给出案例分析证实上述因素的存在。

经过 5.4.3 节的验证后，对于中间产品，仍有 17 个制造业部门的产业梯度系数存在长期偏差。其中，中国有 5 个，分别为"纺织业""木产品和编织材料制造业（家具除外）""橡胶和塑料产品制造业""计算机、电子和光学产品制造业""机械和设备制造业"。如表 5.5 所示，首先，优势缓冲效应确实存在，尽管所有出现偏差的部门的区位商或相对劳动生产率逐年降低，但在最后一个报告期末都仍远大于 1。其次，部门分类问题也有可能存在，凭借加工贸易的不断发展（Chen et al., 2012；Yang et al., 2015），中国"计算机、电子和光学产品制造业"在 2004~2013 年一直实现产业转移转入，但其中有很大一部分是属于劳动生产率较低的环节，如组装工作。2007~2010 年，中国"计算机、电子和光学产品制造业"实现产业转移转入，区位商扩大，产业相对规模进一步增加，但相对劳动生产率却有较大幅度降低，从而导致了产业转移方向和产业梯度系数变化方向的偏差。

表 5.5 中国存在长期偏误的 5 个中间产品部门在各时期产业梯度具体乘数变化

序号	制造业名称	产业转移方向	2004 年区位商	2007 年区位商	2004 年劳动生产率	2007 年劳动生产率
1	纺织业	+	2.9	2.9	1.8	1.7
2	木产品和编织材料制造业（家具除外）	+	1.9	1.8	1.9	1.9
3	橡胶和塑料产品制造业	+	1.5	1.4	2.4	2.5
4	计算机、电子和光学产品制造业	+	1.8	1.6	2.6	2.6
5	机械和设备制造业	+	2.1	1.9	1.9	1.9

序号	制造业名称	产业转移方向	2007 年区位商	2010 年区位商	2007 年劳动生产率	2010 年劳动生产率
1	纺织业	+	2.9	2.6	1.7	1.4
2	木产品和编织材料制造业（家具除外）	+	1.8	1.8	1.9	1.7
3	橡胶和塑料产品制造业	+	1.4	1.4	2.5	2.0
4	计算机、电子和光学产品制造业	+	1.6	1.8	2.6	1.9
5	机械和设备制造业	+	1.9	1.7	1.9	1.7

序号	制造业名称	产业转移方向	2010 年区位商	2013 年区位商	2010 年劳动生产率	2013 年劳动生产率
1	纺织业	+	2.6	2.3	1.4	1.3
2	木产品和编织材料制造业（家具除外）	+	1.8	1.8	1.7	1.5
3	橡胶和塑料产品制造业	+	1.4	1.3	2.0	1.7
4	计算机、电子和光学产品制造业	+	1.8	1.7	1.9	1.6
5	机械和设备制造业	+	1.7	1.5	1.7	1.6

注：+ 表示该部门在该时期表现为产业转移转入，- 表示产业转移转出

与优势缓冲效应相比，部门分类问题较少发生。这主要和本章的检验维度有关。目前全球生产专业化程度并未出现完全专业化，各经济体的生产活动综合性依然处于较高水平，因此部门分类问题造成偏误的可能性较低。如果在更低的维度下（如区域间、城市间等）考察，各区位间的生产专业化程度较高，则有必要对部门分类问题进行更多考察。最终产品的案例分析也能得出类似结论，在此不再赘述。

5.5 小　　结

本章基于全球产业转移价值量测度模型的核算结果，就产业梯度系数对产业转移方向的揭示准确性进行了检验，对造成偏误的原因进行了详细分析和进一步验证，得到主要结论如下。

首先，产业梯度系数对产业转移方向的揭示准确性与测算时期跨度设定过长无关，受逆梯度变化的产业转移的影响也较小。造成偏差的主要原因源自产业转移粘性、优势缓冲效应等。一方面，产业转移粘性赋予了产业梯度系数一定程度的预测性。另一方面，在排除了产业转移粘性的影响后（如5.4.3节所示），2004～2007年产业梯度系数出现偏差的中间产品和最终产品部门中仅分别有17个和23个部门的产业梯度系数持续存在偏差，占比仅为2.2%和3.0%，远低于文献中通常采用的5%的显著性水平。因此，产业梯度系数是衡量产业转移方向的优质指标，能够为产业转移的决策分析提供数据支持。

其次，产业梯度系数变化存在优势缓冲效应。当某一区域的产业优势处于垄断地位时，即使其产业梯度系数有所下滑，仍然能够造成"极化效应"，从而导致产业转移方向与产业梯度系数变化方向相反。同时，部门分类问题理论上也会导致产业梯度系数对产业转移方向揭示的偏差，但在全球层面的验证中，该情况发生的可能性较弱；在区域生产垂直专业化水平较高的情况下，该情况值得进一步讨论。这些原因导致产业梯度系数相比产业转移价值量测度，难以100%地确保其在揭示产业转移方向时的准确性。但由于产业转移价值量的测算依赖于区域间投入产出数据，而该数据的编制和发布存在较长的时间滞后，因此，产业梯度系数可以作为一个有效的前瞻性指标，对产业转移方向进行初步判断，及时地为政策调整和选址规划提供可靠信息。

值得一提的是，由于数据的可得性问题，本章的研究中没有涉及2015年之后的时间段（通常认为这一时期的产业转移格局出现了更显著的变化）。但考虑到本章的检验中已经覆盖2008年全球金融危机前后的不同时间段，且本章的研究目标旨在揭示产业梯度系数的准确性，而非对近期产业转移演变趋势的刻画，因此我们认为这一数据局限不会影响本章的主要结论。

第6章

百年未有之大变局下国际产业转移的新趋势

近年来,受中美经贸摩擦、新冠疫情、俄乌冲突等全球重大突发事件的接连冲击,既往的国际经贸秩序遭受严重破坏,全球生产网络出现局部断裂,既有的全球价值链重构趋势加速。党的十九大以来,习近平多次指出"当今世界正经历百年未有之大变局",全球治理体系和国际秩序变革正在加速推进。2020年,联合国贸易和发展会议将2021~2030年定义为全球价值链重构的十年。面对复杂诡谲的外部经贸环境,以习近平同志为核心的党中央适时提出要构建"以国内大循环为主体、国内国际双循环相互促进"的新发展格局,以期稳定经济循环流转,助力产业关联畅通。因此,在全球价值链重构和新发展格局构建的双重背景下,国际产业转移势必将迎来全新的发展趋势,呈现新的演变特征[①]。本章试图初步探讨百年未有之大变局下国际产业转移的新趋势,解析其中中国面临的主要风险与潜在机遇,为中国中长期的国内外产业布局战略部署提供一定参考。

6.1 国际产业转移的新趋势与中国面临的主要风险

6.1.1 区域化:全球价值链重构不会彻底颠覆全球生产体系,但对供应链安全的极大重视将催化全球产业布局的区域化特征

《全球价值链发展报告(2017)》中指出,全球价值链的地理特征至2015年已经逐渐演化为三个相对孤立的区域价值链,分别是以德国为核心的欧洲价值链、以美国为核心的北美价值链和以中国为核心的亚洲价值链。根据麦肯锡全球研究院发布的报告,2019年区域内贸易占全球商品贸易总量较2013年增长了2.7个百分点,全球价值链的区域化特征越发凸显,其中亚洲地区和欧盟地区的增长势头

---

① 我们在第2章至第4章对2000~2014年国际产业转移的演变历程进行了详细的刻画和分析。然而,囿于全球投入产出数据的发布滞后性,我们的研究未能囊括2014年以后不断加速的国际产业转移变革趋势。我们相信随着未来全球投入产出表编制框架的完善和发布时效性的增强,基于全球产业转移价值量测算模型的研究能够帮助经济学家和政策制定者进一步捕捉中美经贸摩擦、新冠疫情等国际重大突发事件对全球产业布局重构的影响。

尤为迅猛。亚洲开发银行发布的2022年《亚洲经济一体化报告》也显示，尽管新冠疫情的限制和供应链中断阻碍了全球贸易，但是亚太地区的区域内贸易却上升到了30年来的最高水平。

当前，在新冠疫情、俄乌冲突等一系列重大突发事件的冲击下，复杂价值链应对外部冲击的脆弱性暴露无遗。供应链安全逐渐替代利润最大化成为跨国公司选址决策的优先目标（Brakman et al., 2020; Gereffi, 2020）。同时，出于国家安全等因素的考虑，部分经济体（如日本）出台了供应链本土化、区域内多元化的引导政策。预计在后疫情时代，全球价值链"三足鼎立"的格局将更加显著，三大区域价值链之间的联系将有所减弱，但其内部的产业关联将会进一步增强。对中国而言，这将导致中国所参与的国际产业转移呈现出两个新趋势。

一方面，中国高新技术产业面临向发达国家回流的趋势。当前，中美贸易摩擦仍在持续拉锯，美国两党在"对华强硬"这一态度上也达成了默认的共识，压制中国的经济、科技发展速度，减弱中国的影响力已成为美国在主导全球价值链重构过程中的主要政策目标。预计美国将以供应链安全为主要借口，或游说或裹挟其盟国降低在生产和消费中对中国的依赖，主要表现为推动医疗产业及其他与国家安全密切相关的产业趋向"本土化"或供应链多元化，同时推动高新技术产业链、生产环节和核心零部件的回岸生产或近岸外包（Lund and Steen, 2020）。

另一方面，中国中低端产能将向其他亚洲发展中经济体进一步分流。随着RCEP的签署和正式生效，亚洲价值链内的产业联动将进入快车道（Tian et al., 2022）。与此同时，在国内局部供应链由于新冠疫情停摆、要素成本上升、资源环境约束加大等多重因素叠加的影响下，中国以加工贸易为代表的部分低附加值产能将加速转移至亚洲价值链中的其他发展中经济体，如越南和菲律宾等。据2020年2月26日《日经亚洲评论》报道，谷歌和微软正加速将其新型号电子设备的生产从中国转移到东南亚，谷歌可能最早于2020年4月开始在越南生产智能手机，微软可能最早于2020年第二季度开始在越南生产笔记本电脑和台式电脑。根据Kearney的报道，截至2021年，著名运动品牌耐克和阿迪达斯已经将它们大部分的产能和鞋类生产基地从中国转移至越南。从中长期看，全球价值链对中国供应链的依赖将逐渐转变为对亚洲价值链的整体依赖（祝坤福等，2020）。

国际产业转移是全球产业布局顺应区域比较优势变化的正常经济现象。然而，如果在短时间内出现大规模的产业对外转出，则将有损中国工业体系的完备性，削弱中国在全球生产网络中的核心竞争力。尤其值得注意的是，在当前时期，"集群化"已经成为产业转移活动的重要特征之一，在中国产业对外转移的过程中，如果同一产业链上的企业或者具有产业关联的企业"抱团出走"的现象普遍出现，那势必会增加中国产业外流的规模和速度，加剧"产业空心化"风险。此外，低端产业通常采用劳动密集型生产模式，短时间内大规模的对外转出也势必将伴随着国内就业需求的大幅下降，从而造成一定程度的失业风险，危及民生稳定。

6.1.2 智能化：数字技术和高新科技为产业转移提供了新动能，高新技术行业将出现逆技术梯度的集聚态势，传统产业的产业转移也将伴随着生产模式智能化的转变

当前，以人工智能为代表的第四次工业革命已经到来，科技领域已经成为全球主要经济体竞争和博弈的主要战场之一。德国自 2006 年起每隔四年发布一份高科技战略计划，其中，2014 年的计划就包括广为人知的"工业 4.0"。2021 年 5 月，美国参议院商务委员会通过《无尽前沿法案》（Endless Frontiers Act），将在 5 年内为美国基础和先进技术研究提供超过 1100 亿美元的资金支持。中国近年来也相继发展了"互联网+"、大数据、创新驱动、人工智能等，对智能经济相关重点领域展开布局。新冠疫情暴发以来，智能经济相比传统经济呈现出更强的韧性。以中国为例，根据国家统计局的数据，2021 年中国规模以上高技术制造业增加值比上年增加 18.2%，高于规模以上制造业整体 8.6 个百分点；2021 年中国高技术产业固定资产投资增长 17.1%，高技术制造业和高技术服务业投资分别增长 22.2% 和 7.9%，也远高于全国固定资产投资增速（4.9%，不含农户）。总的来看，为了在新一轮科技竞争中占据主动，全球各主要经济体将进一步加大对高新技术产业和数字化产业的扶持力度，部分高新技术产业将呈现向科技优势较大的地区逆技术梯度集聚的态势，位于价值链中低端的经济体实现产业升级的难度将有所增加（Gao et al., 2022）。

进一步地，随着高新技术的接连突破和不断落地，生产率和生产方式可能出现颠覆性的变革。生产活动的"智能化"趋势将减少生产过程对劳动力的需求，从而促使生产环节更靠近消费市场，导致以劳动力为主要比较优势的经济体过早地去工业化（Rodrik, 2016）。已有文献论证了包括 3D 打印、工业互联网等新兴技术已经成为推动传统行业回岸生产的新动力。而在这一产业转移过程中，传统行业的生产模式也将呈现出智能化的转变（Krenz et al., 2021; Faber, 2020）。这样一来，劳动密集型行业或生产环节的产业转移在短期内会损害产业转移来源地低收入劳动力的利益，但是从长远来看，或许可以显著改善产业转移目的地的就业结构。

在智能科技、数字科技全球竞争加剧的大背景下，虽然中国在战略准备上已经做了一定的部署，但仍然面临着诸多现实挑战：其一，智能制造的一些基础技术和关键核心技术的自主开发能力较弱，部分核心技术受制于人，"卡脖子"问题突出，对外依存度高，新兴技术掌控能力有待提升。其二，不同行业的智能化水平差异较大，汽车、航空航天、国防工业在智能制造领域已实现领先增长，而纺织业、机械等传统制造行业的智能制造依然任重道远。其三，目前中国数据安全

法规体系和监督机制尚不健全，一定程度上抑制了企业智能化升级的步伐。其四，产业智能化与中国当前就业结构存在矛盾。根据2020年12月人力资源和社会保障部提供的数据计算，中国高技能人才仅占就业人口总量的7.28%。然而产业智能化的发展大幅提升了对高技能劳动力的需求，使得中国就业结构性矛盾越发突出。

6.1.3 绿色化：“双碳”目标将根本性地改变价值链空间布局，应用更清洁的技术、生产更"绿色"的产品将成为新发展格局下产业转移活动的一大特征

气候变化的极端影响和环境保护的紧迫性正在逐渐影响产业转移活动的经济逻辑。从微观层面来看，可持续化管理已经成为资本流动中除了成本最小化、供应链灵活性和生产效率外的第四大决策目标（Ponte，2020）。从宏观层面来看，中国于2020年9月提出"力争于2030年前达到峰值，努力争取2060年前实现碳中和"①的"双碳"目标，美国、欧盟、日本、巴西、俄罗斯、加拿大等全球主要经济体也在2018~2021年陆续提出在2050年左右实现"碳中和"的目标。这些环境可持续发展目标和随之出台的规制政策不仅将改变国际环境治理方面的比较优势，还会推动不同地区间资源优势和技术优势的协同。总的来说，为了应用更清洁的技术、生产更"绿色"的产品，全球价值链的空间布局和组织结构等将迎来重大变化（Binz et al., 2017; Yap and Truffer, 2019）。

从国际对比来看，根据世界银行的数据折算，2018年中国GDP和二氧化碳排放的比率为7.4吨/万美元，远高于美国（2.4吨/万美元）、日本（2.2吨/万美元）、英国（1.2吨/万美元）、法国（1.1吨/万美元）和德国（1.8吨/万美元）等其他主要经济体。尽管这一比率受能源结构、产业结构、人口数量等多因素的影响，但仍能够体现出中国在环境科技领域不具备比较优势的现状。作为典型的后发经济体，中国尤其中西部地区的工业化和城市化发展仍存在巨大的空间，能源需求仍处于增长通道。碳排放作为生产活动中天然的副产品，如何通过产业转移的"绿色化趋势"，平衡节能减排与经济发展之间的相互制约的关系，将成为政府在引导产业有序转移过程中需要重点考虑的问题。

6.1.4 服务化：生产模式的智能化转型势必大幅增加对知识密集型服务的投入需求，服务业将更多地参与产业转移活动

在早期的经济学文献中，通常认为服务是不可贸易的，这决定了服务产品是缺乏流动性的，服务业自然难以参与产业转移。然而，随着科技水平的不断提升，

---

① 《习近平在第七十五届联合国大会一般性辩论上的讲话（全文）》，https://www.ccps.gov.cn/xxsxk/zyls/202009/t20200922_143558.shtml[2022-10-22]。

服务产品的流通属性逐渐体现，服务贸易和数字贸易迅速发展。2010~2019年，全球服务贸易额年均名义增长4.8%，是货物贸易增速的2倍；服务贸易额占贸易总额的比重由20.3%提高至23.8%。《2019年世界贸易报告》预测，到2040年，服务贸易占全球贸易比重或将增长50%。与此同时，服务业也开始逐渐参与全球产业转移。比较典型的案例是通过承接大规模信息服务业外包业务而被称为"全球后台办公室"的印度。

当前，伴随着生产模式的智能化，知识密集型服务业的投入需求逐渐上升，一部分货物链条将被服务链条所替代，制造和服务环节将进一步融合。也就是说，未来生产性服务产业如金融业、软件业、商务服务业等将会更多地参与产业转移活动，在构建新发展格局和全球价值链重构中扮演核心角色（高翔等，2021）。

尽管近几年受新冠疫情等因素的叠加影响，中国服务贸易逆差规模大幅缩减，但中国长期处于服务贸易逆差的态势仍未改变。总体来看，中国知识密集型服务业在全球价值链上所处的地位整体仍然偏低，对发达经济体的依赖程度较高，更多是参与后向垂直专业分工。同时，发达国家/地区在具有资本、知识密集型特征的数字服务产业的培育上具有非常明显的优势，在"马太效应"作用下，后发地区很难实现赶超。因此，产业转移的"服务化"趋势将导致具有服务业显著比较优势的发达地区在未来全球和区域价值链构建中更可能占据主导地位。

在国际产业转移新趋势不断涌现的同时，新发展格局构建也将为国内产业布局优化注入新动力，中国国内区域间产业梯度转移或将提速。

当前，国际经济环境持续动荡，外部需求增长趋缓甚至陷入萎缩，民粹主义和贸易保护主义有所抬头，科技和贸易争端不断涌现。与此同时，中国经济增长对对外贸易的依赖程度不断降低，内需成为促进国内经济增长的强大动力。这些背景强调了完善"内循环"是构建"双循环"新发展格局的核心和基础。不同于既往的区域发展战略，新发展格局强调全国一盘棋，在供给端统筹挖掘各地区在新发展阶段的新比较优势，通过区域协同发展形成国内生产体系的合力；在需求端依托全国统一大市场的建设，打破地方保护和地区间过度竞争，畅通生产环节和消费环节的要素流动。综上，新发展格局将在供需两端为国内产业布局的优化注入新动力，国内区域间产业梯度转移这一老话题将呈现明显提速的新态势，上述国际产业转移中的"智能化""绿色化""服务化"等新趋势也将在国内区域间产业转移中体现。

2022年1月14日，工业和信息化部、国家发展和改革委员会等十部门联合发布《关于促进制造业有序转移的指导意见》（以下简称《意见》），促进形成区域合理分工、联动发展的制造业发展格局。《意见》中明确提出西部地区有序承接东部地区产业转移，建设国家重要的能源化工、资源精深加工、新材料、轻工产品等劳动密集型产业、绿色食品基地，以及区域性高技术产业和先进制造业基地。

东北地区加快高端装备、航空等传统优势产业改造升级，深化与东部地区对口合作，拓展承接产业转移新空间。中部地区积极承接新兴产业布局和转移，建设内陆地区开放高地，着力打造能源原材料基地、现代装备制造及高技术产业基地。东部地区强化关键核心技术创新，提升创新策源能力和全球资源配置能力，加快培育世界先进制造业集群。2022年3月25日，《中共中央 国务院关于加快建设全国统一大市场的意见》发布，其中"充分发挥各地区比较优势，因地制宜为各类市场主体投资兴业营造良好生态"成为该文件的主要目标之一。

然而，值得一提的是，从过往的产业转移历程来看，国内区域间产业梯度转移往往与产业对外转移之间存在竞争关系，而且供应链配套更加完备的发展中经济体往往比中西部省份更能成为东部地区企业产业转移的优先目的地。因此，在新发展格局背景下，如何平衡国内区域间产业梯度转移和中国向亚洲新兴经济体的对外产业转移，将成为另一个值得关注的问题（高翔等，2020）。

6.2 应对产业链对外转移风险的政策建议

产业转移是一种常见的经济现象，中国部分低端产业的对外转出也能够为国内产业链的转型升级提供一些助力。因此，我们一方面不必"妖魔化"产业的对外转移、试图完全杜绝这一现象的发生，另一方面我们应锚定新发展格局下产业转移的新趋势，针对不同的趋势采取各类政策工具精准应对，综合调控产业转移的规模和方向，在迎合国内产业升级需求的同时，化解"产业空心化"风险。

第一，为应对国际产业转移的"区域化"趋势，建议依托中国超大规模产业链完备性在亚洲价值链发展过程中起到的关键作用，进一步加大对外开放的深度和广度，以RCEP、"一带一路"倡议为主要抓手，构建"中国+N"的亚洲价值链布局。建议适当引导部分低附加值产业或生产环节的对外转移，并借此加强中国与亚洲新兴经济体之间的产业关联，强化中国在亚洲价值链中的核心功能。

第二，为顺应产业转移过程中的"智能化"转型，建议统筹各领域的专家学者和技术人才，厘清各行业存在的技术短板，建立专门攻克短板的创新团队，不断加大对基础研究的投入，突破重点领域"卡脖子"关键核心技术；加快以5G（5th generation mobile communication technology，第五代移动通信技术）、工业互联网、物联网等为代表的新型基础设施建设，加强中国与"一带一路"沿线国家、东部发达省份和中西部省份在传统基建和"新基建"方面的合作，从基建、产业、金融等方面综合考虑创新"新基建"投融资模式。

第三，为实现产业转移活动中的"绿色化"目标，建议同时发挥好市场和政府的作用，坚持以市场投入为主，支持多元主体参与建设，调动民间资本的积极性，通过市场机制带动"绿色金融"投资。在"减排"和"固碳"领域同时推动科技攻关，在"双碳"目标实现的过程中相机引导相关技术的落地和市场化，推动相应技术"护城河"和比较优势的形成。

第四，为呼应产业转移活动中的"服务化"趋势，建议进一步完善知识产权保护、共享机制，深化中国知识密集型服务领域的体制机制改革，进一步扩大服务业对内和对外开放，构建开放统一、有序竞争的服务业市场，以服务贸易开放倒逼改革，推动贸易自由化、投资便利化，逐步释放制度红利，为数字贸易条件下中国不断向全球价值链高端攀升提供良好的政策环境。与此同时，牢牢把握构建新发展格局的契机，鼓励东部发达省份加快推动生产性服务业的专业化、高端化，在保障国家安全、市场公平的前提下，加快国内市场缺口较大的科技、金融、教育、医疗等高附加值行业的发展和开放进程。

第五，为助力国内区域间产业梯度化转移，同时有效控制中国产业尤其高新技术产业的对外转移速度，建议在新发展格局构建过程中，重视价值链、创新链的"双循环"体系构建，围绕重点行业形成上下游网络配套。对于技术水平落后且存在"卡脖子"风险的行业，该网络配套可以提升科研攻关速度与产业应用效果；对于存在竞争优势或可能实现弯道超车的行业，该网络配套可以以点带面地提升中国新兴产业的核心竞争力和国际话语权。

附录 A

基于产业分布的测度指标：源于经济增长的测度误差

以区位商为例，假设有两个国家 r 国和 s 国，每个国家各有两个行业——"农业"和"食品制造业"，其中农产品是食品制造业的生产原材料。假设 r 国和 s 国均为封闭经济体且具备不同的生产技术，即不妨假设 r 国生产一单位食品需要投入的农产品（λ_r）要少于 s 国（λ_s，$\lambda_r < \lambda_s$）。那么，r 国食品制造业的区位商（$LQ_{food,r}$）等于：

$$LQ_{food,r} = \frac{1/(1+\lambda_r)}{(x_{food,r}+x_{food,s})/[x_{food,r}(1+\lambda_r)+x_{food,s}(1+\lambda_s)]}$$

$$= \frac{1/(1+\lambda_r)}{\dfrac{x_{food,r}(1+\lambda_r)}{x_{food,r}(1+\lambda_r)+x_{food,s}(1+\lambda_s)}\left(\dfrac{1}{(1+\lambda_r)}\right) + \dfrac{x_{food,s}(1+\lambda_r)}{x_{food,r}(1+\lambda_r)+x_{food,s}(1+\lambda_s)}\left(\dfrac{1}{(1+\lambda_r)}\right)} \quad (S.1)$$

其中，$x_{food,r}$ 和 $x_{food,s}$ 分别为 r 国和 s 国食品制造业的产量。假设两国生产技术（λ_r 和 λ_s）和 s 国食品制造业产量（$x_{food,s}$）保持不变，那么 r 国食品制造业产量（$x_{food,r}$）的增长将导致式（S.1）等号右边分母的增加，进而导致 r 国食品制造业的区位商（$LQ_{food,r}$）的降低。但是，r 国和 s 国仍为封闭经济体，显然，两国之间不可能存在国际产业转移。因此，区位商等基于产业分布的测度指标可能存在源于经济增长的测度误差。

附录 B

Fan 和 Liu（2021）、刘红光等（2011）的产业转移测度指标：源于定义偏差的测度误差

在传统意义上，"产业转移"一词通常反映了生产活动在不同地区间的重新分布，也因此通常与产能（收益）空间占比的变化相关联。这一产业转移的传统定义在现有的各类国际产业转移主流测度指标中被广泛接受。如 2.1 节所介绍的，Yamamura 等（2003）采用国外收益占总收益的比例作为一种基于企业调研的测度指标；区位商作为被广泛使用的基于产业分布的测度指标，其分子就是产业的空间分布占比；基于投入产出的测度指标通常反映了国外投入在总投入中占比的变化，或国外增加值在产出中占比的变化。然而，Fan 和 Liu（2021）、刘红光等（2011）的测度指标中隐含的产业转移定义却与传统的产业转移定义存在较大偏差。

Fan 和 Liu（2021）、刘红光等（2011）的产业转移测度过程如下，沿用 2.2 节的符号说明，则由全球直接投入系数可以计算得到全球完全需要系数（里昂惕夫逆矩阵）B 为

$$\boldsymbol{B} = \begin{pmatrix} \boldsymbol{B}_{11} & \cdots & \boldsymbol{B}_{1m} \\ \vdots & & \vdots \\ \boldsymbol{B}_{m1} & \cdots & \boldsymbol{B}_{mm} \end{pmatrix} = \left[\boldsymbol{I} - \begin{pmatrix} \boldsymbol{A}_{11} & \cdots & \boldsymbol{A}_{1m} \\ \vdots & & \vdots \\ \boldsymbol{A}_{m1} & \cdots & \boldsymbol{A}_{mm} \end{pmatrix} \right]^{-1} \quad (\text{S.2})$$

那么，t 年的产出矩阵 X 为

$$\boldsymbol{X}^t = \begin{pmatrix} X_{11}^t & \cdots & X_{1m}^t \\ \vdots & & \vdots \\ X_{m1}^t & \cdots & X_{mm}^t \end{pmatrix} = \begin{pmatrix} \boldsymbol{B}_{11}^t & \cdots & \boldsymbol{B}_{1m}^t \\ \vdots & & \vdots \\ \boldsymbol{B}_{m1}^t & \cdots & \boldsymbol{B}_{mm}^t \end{pmatrix} \begin{pmatrix} \boldsymbol{f}_{11}^t & \cdots & \boldsymbol{f}_{1m}^t \\ \vdots & & \vdots \\ \boldsymbol{f}_{m1}^t & \cdots & \boldsymbol{f}_{mm}^t \end{pmatrix} \quad (\text{S.3})$$

其中，$X_{rs}^t = \sum_i B_{ri}^t f_{is}^t$ 为由 s 国最终需求拉动的 r 国产出。根据 Fan 和 Liu（2021）、刘红光等（2011）的定义，由 s 国向 r 国的产业转移价值量等于：

$$\Delta X_{rs} = X_{rs}^{t1} - X_{rs}^{t0} \quad (\text{S.4})$$

显然，Fan 和 Liu（2021）、刘红光等（2011）的测度指标中隐含的产业转移定义与传统的反映生产活动在不同地区间的重新分布的产业转移定义存在较大偏差。我们同样假设有两个国家 r 国和 s 国，每个国家各有两个行业"农业"和"食品制造业"，其中农产品是食品制造业的生产原材料。假设农业仅在 r 国进行生产，食品制造业仅在 s 国进行生产，但 r 国和 s 国的产品均供给自己和对方。那么，

根据 Fan 和 Liu（2021）、刘红光等（2011）的测度指标，s 国对食品的最终需求增长将拉动 r 国的农业产出增加，即体现为 s 国对 r 国的农业产业转移。然而，在上述变化后，农业仍仅在 r 国进行生产，且食品制造业也仍仅在 s 国进行生产。两个行业在区域间的产能分布没有发生任何变化。因此，Fan 和 Liu（2021）、刘红光等（2011）的测度指标中隐含的产业转移定义与传统的产业转移定义存在较大偏差，定义的偏差也将导致产业转移规模测度结果的误差。

附录 C

附表1　世界投入产出表中列示的经济体、对应代码及收入水平分类

编号	经济体	代码	收入水平	编号	经济体	代码	收入水平
1	澳大利亚	AUS	高收入	23	爱尔兰	IRL	高收入
2	奥地利	AUT	高收入	24	意大利	ITA	高收入
3	比利时	BEL	高收入	25	日本	JPN	高收入
4	保加利亚	BGR	其他	26	韩国	KOR	高收入
5	巴西	BRA	其他	27	立陶宛	LTU	高收入
6	加拿大	CAN	高收入	28	卢森堡	LUX	高收入
7	瑞士	CHE	高收入	29	拉脱维亚	LVA	高收入
8	中国	CHN	其他	30	墨西哥	MEX	其他
9	塞浦路斯	CYP	高收入	31	马耳他	MLT	高收入
10	捷克	CZE	高收入	32	荷兰	NLD	高收入
11	德国	DEU	高收入	33	挪威	NOR	高收入
12	丹麦	DNK	高收入	34	波兰	POL	高收入
13	西班牙	ESP	高收入	35	葡萄牙	PRT	高收入
14	爱沙尼亚	EST	高收入	36	罗马尼亚	ROU	其他
15	芬兰	FIN	高收入	37	俄罗斯	RUS	其他
16	法国	FRA	高收入	38	斯洛伐克	SVK	高收入
17	英国	GBR	高收入	39	斯洛文尼亚	SVN	高收入
18	希腊	GRC	高收入	40	瑞典	SWE	高收入
19	克罗地亚	HRV	高收入	41	土耳其	TUR	其他
20	匈牙利	HUN	高收入	42	美国	USA	高收入
21	印度尼西亚	IDN	其他	43	世界其他经济体	ROW	其他
22	印度	IND	其他				

附录 D

基于固定来源比例假定估算回岸生产流量

对于给定的 s、j、k、i，记回岸生产的承接国集合为 $\{r_{\text{in}}|s,i,j,k\} = \{r|s,i,j,k, \text{reshoring}_{ri,sj}^{k} > 0\}$，回岸生产的来源国为 $\{r_{\text{out}}|s,i,j,k\} \in \{r|s,i,j,k, \text{reshoring}_{ri,sj}^{k} < 0\}$，那么，$s$ 国 j 行业驱动的 i 行业国际回岸生产总规模中来自 r 国的占比 $P = (P_r)$ 为

$$P_r = \begin{cases} \dfrac{\text{reshoring}_{ri,sj}^{k}}{\sum_{p \in \{r_{\text{out}}|s,i,j,k\}} \text{reshoring}_{pi,sj}^{k}}, & r \in \{r_{\text{out}}|s,i,j,k\} \\ 0, & \text{其他} \end{cases} \quad (\text{S.5})$$

引入固定来源比例假定，即假设对任意的回岸生产承接国 $q \in \{r_{\text{in}}|s,i,j,k\}$ 都具有相同的回岸生产来源结构（$P = (P_r)$）。则对于给定的 s、j、k，i 行业从 r 国到 q 国的回岸生产规模（$\text{reshoring}_{rqi,sj}^{k}$）等于：

$$\text{reshoring}_{rqi,sj}^{k} = \begin{cases} \text{reshoring}_{qi,sj}^{k} \cdot P_r, & q \in \{r_{\text{in}}|s,i,j,k\},\ r \in \{r_{\text{out}}|s,i,j,k\} \\ 0, & \text{其他} \end{cases} \quad (\text{S.6})$$

参考文献

蔡昉. 2013. 中国经济增长如何转向全要素生产率驱动型. 中国社会科学, (1): 57-72, 206.

蔡昉, 王德文, 曲玥. 2009. 中国产业升级的大国雁阵模型分析. 经济研究, 44(9): 4-14.

陈建军. 2002. 中国现阶段产业区域转移的实证研究——结合浙江 105 家企业的问卷调查报告的分析. 管理世界, (6): 64-74.

陈建军. 2007. 长江三角洲地区产业结构与空间结构的演变. 浙江大学学报(人文社会科学版), (2): 88-98.

成祖松. 2013. 我国区域产业转移粘性的成因分析: 一个文献综述. 经济问题探索, (3): 183-190.

戴宏伟, 田学斌, 陈永国. 2003. 区域产业转移研究——以"大北京"经济圈为例. 北京: 中国物价出版社.

杜能 J H. 1986. 孤立国同农业和国民经济的关系. 吴衡康, 译. 北京: 商务印书馆.

高强. 1987. 产品生命周期与产业生命周期. 国际贸易问题, (6): 51-53.

高翔, 徐然, 史依颖, 等. 2020. 贸易战背景下我国典型制造业转移路径的启示. 系统工程理论与实践, 40(9): 2203-2221.

高翔, 徐然, 祝坤福, 等. 2021. 全球生产网络视角下重大突发事件的经济影响研究. 国际贸易问题, (7): 1-20.

龚晓菊, 刘祥东. 2012. 产业区域梯度转移及行业选择. 产业经济研究, (4): 89-94.

郭凡生. 1984. 评国内技术的梯度推移规律——与何钟秀、夏禹龙老师商榷. 科学学与科学技术管理, (12): 19-22.

郭丽. 2009. 产业区域转移粘性分析. 经济地理, 29(3): 395-398.

郭巍. 2016. 新时期中国典型产业对外转移研究. 北京: 中国发展出版社.

韩文琰. 2017. 天津承接产业转移的重点选择、问题与对策. 经济问题探索, (8): 87-93.

贺清云, 蒋菁, 何海兵. 2010. 中国中部地区承接产业转移的行业选择. 经济地理, 30(6): 960-964, 997.

洪银兴. 2002. 西部大开发和区域经济协调方式. 管理世界, (3): 3-8.

贾利军. 2009. 开放条件下长三角城市群梯度推移经济整合模式的适用性分析. 金融经济月刊, (12): 24-25.

靳卫东, 王林杉, 徐银良. 2016. 区域产业转移的定量测度与政策适用性研究. 中国软科学, (10): 71-89.

荆林波, 袁平红. 2019. 全球价值链变化新趋势及中国对策. 管理世界, 35(11): 72-79.

李国平, 许扬. 2002. 梯度理论的发展及其意义. 经济学家, (4): 69-75.

李国平, 赵永超. 2008. 梯度理论综述. 人文地理, (1): 61-64, 47.

李然, 马萌. 2016. 京津冀产业转移的行业选择及布局优化. 经济问题, (1): 124-129.

梁明. 2019. 中美贸易摩擦的缘起、影响和未来走向. 国际贸易, (7): 25-36.

刘海云, 聂飞. 2015. 中国OFDI动机及其对外产业转移效应——基于贸易结构视角的实证研究. 国际贸易问题, (10): 73-86.

刘红光, 刘卫东, 刘志高. 2011. 区域间产业转移定量测度研究——基于区域间投入产出表分析. 中国工业经济, (6): 79-88.

刘满平. 2004. "泛珠江"区域产业梯度分析及产业转移机制构建. 经济理论与经济管理, (11): 45-49.

刘祥生. 1992. 边际产业扩张理论介评及其启示. 国际贸易问题, (12): 54-57.

卢进勇, 杨杰, 郭凌威. 2016. 中国在全球生产网络中的角色变迁研究. 国际贸易问题, (7): 3-14.

罗浩. 2003. 中国劳动力无限供给与产业区域粘性. 中国工业经济, (4): 53-58.

马歇尔 A. 1964. 经济学原理(上卷). 朱志泰, 译.北京: 商务印书馆.

彭红斌. 2001. 小岛清的"边际产业扩张论"及其启示. 北京理工大学学报(社会科学版), (1): 84-86.

彭继增, 邓梨红, 曾荣平. 2017. 长江中上游地区承接东部地区产业转移的实证分析. 经济地理, 37(1): 129-133, 141.

盛来运, 郑鑫, 周平, 等. 2018. 我国经济发展南北差距扩大的原因分析. 管理世界, 34(9): 16-24.

孙高洁. 2007. 产业"雁阵范式"理论对我国网络游戏产业发展的启示. 管理世界, (10): 152-153.

孙浩进. 2011. 基于劳动力流动和比较优势的国外产业转移理论比较研究. 贵州社会科学, (4): 65-68.

唐根年, 许紫岳, 张杰. 2015. 产业转移、空间效率改进与中国异质性大国区间"雁阵模式". 经济学家, (7): 97-104.

魏敏. 2007. 基于灰色聚类下的梯度推移粘性模型研究. 统计与决策, (3): 10-12.

魏敏, 李国平. 2005. 基于区域经济差异的梯度推移粘性研究. 经济地理, (1): 33-37, 48.

魏守华, 王缉慈, 赵雅沁. 2002. 产业集群: 新型区域经济发展理论. 经济经纬, (2): 18-21.

吴安. 2004. 中国产业及劳动力逆向流动分析——以重庆与北京、广东的比较为例. 中国工业经济, (12): 12-19.

吴晓波, 聂品. 2005. 现代国际领域产品生命周期研究——对弗农(Vernon)学说的一种拓展. 国际贸易问题, (5): 117-122.

小岛清. 1987. 对外贸易论. 周宝廉, 译.天津: 南开大学出版社.

熊必琳, 陈蕊, 杨善林. 2007. 基于改进梯度系数的区域产业转移特征分析. 经济理论与经济管理，（7）：45-49.

张公嵬，梁琦. 2010. 产业转移与资源的空间配置效应研究. 产业经济评论，9（3）：1-21.

张辉. 2004. 全球价值链理论与我国产业发展研究. 中国工业经济，（5）：38-46.

张少军，刘志彪. 2009. 全球价值链模式的产业转移——动力、影响与对中国产业升级和区域协调发展的启示. 中国工业经济，（11）：5-15.

张述存，顾春太. 2018. "一带一路"倡议背景下中德产业合作——以山东省为分析重点. 中国社会科学，（8）：44-57.

祝坤福，高翔，杨翠红，等. 2020. 新冠肺炎疫情对全球生产体系的冲击和我国产业链加速外移的风险分析. 中国科学院院刊，35（3）：283-288.

Akamatsu K. 1937. Synthetic dialectics of industrial development in Japan. Higher Commercial School of Nagoya, 15: 179-210.

Amiti M. 2005. Location of vertically linked industries: agglomeration versus comparative advantage. European Economic Review, 49(4): 809-832.

Anderson J E. 2011. The gravity model. Annual Review of Economics, 3: 133-160.

Antràs P. 2021. De-globalisation? Global value chains in the post-COVID-19 age.[2022-10-19].https: //www.nber.org/papers/w28115.

Antràs P, Chor D. 2013. Organizing the global value chain. Econometrica, 81(6): 2127-2204.

Arndt S W, Kiezkowski H. 2001. Fragmentation: New Production Patterns in the World Economy. Oxford：Oxford University Press.

Autor D H, Dorn D, Hanson G H. 2013. The China syndrome: local labor market effects of import competition in the United States. American Economic Review, 103(6): 2121-2168.

Baraldi E, Ciabuschi F, Lindahl O, et al. 2018. A network perspective on the reshoring process: the relevance of the home- and host-country contexts. Industrial Marketing Management, 70: 156-166.

Barde S. 2010. Knowledge spillovers, black holes and the equilibrium location of vertically linked industries. Journal of Economic Geography, 10(1): 27-53.

Bellabona P, Spigarelli F. 2007. Moving from open door to go global: China goes on the world stage. International Journal of Chinese Culture and Management, 1(1): 93-107.

Binz C, Gosens J, Hansen T, et al. 2017. Toward technology-sensitive catching-up policies: insights from renewable energy in China. World Development, 96: 418-437.

Blair C, David A, Ford S, et al. 2014. Post-recession onshoring: an examination of the U.S. computer and electronics sector. Washington D.C.:US International Trade Commission.

Brakman S, Garretsen H, van Witteloostuijn A. 2020. The turn from just-in-time to just-in-case globalization in and after times of COVID-19: an essay on the risk re-appraisal of borders and buffers. Social Sciences & Humanities Open, 2(1): 100034.

Brakman S, van Marrewijk C, Partridge M. 2015. Local consequences of global production processes. Journal of Regional Science, 55(1): 1-9.

Brennan L, Ferdows K, Godsell J, et al. 2015. Manufacturing in the world: where next?. International Journal of Operations & Production Management, 35(9): 1253-1274.

Caraballo J G, Jiang X. 2016. Value-added erosion in global value chains: an empirical assessment. Journal of Economic Issues, 50(1): 288-296.

Carroll M C, Reid N, Smith B W. 2008. Location quotients versus spatial autocorrelation in identifying potential cluster regions. The Annals of Regional Science, 42(2): 449-463.

Chen H, Kondratowicz M, Yi K M. 2005. Vertical specialization and three facts about U. S. international trade. The North American Journal of Economics and Finance, 16(1): 35-59.

Chen W, Shen Y, Wang Y N, et al. 2018. The effect of industrial relocation on industrial land use efficiency in China: a spatial econometrics approach. Journal of Cleaner Production, 205: 525-535.

Chen X K, Cheng L K, Fung K C, et al. 2012. Domestic value added and employment generated by Chinese exports: a quantitative estimation. China Economic Review, 23(4): 850-864.

Coe N M, Dicken P, Hess M. 2008. Global production networks: realizing the potential. Journal of Economic Geography, 8(3): 271-295.

de Backer K, Menon C, Desnoyers-James I, et al. 2016. Reshoring: myth or reality?. Paris: OECD Publishing.

Dean J M, Fung K C, Wang Z. 2011. Measuring vertical specialization: the case of China. Review of International Economics, 19(4): 609-625.

Delis A, Driffield N, Temouri Y. 2019. The global recession and the shift to re-shoring: myth or reality?. Journal of Business Research, 103: 632-643.

di Gregorio D, Musteen M, Thomas D E. 2009. Offshore outsourcing as a source of international competitiveness for SMEs. Journal of International Business Studies, 40(6): 969-988.

Dossani R, Kenney M. 2007 .The next wave of globalization: relocating service provision to India. World Development, 35(5): 772-791.

Dunning J H. 1998. Location and the multinational enterprise: a neglected factor?. Journal of International Business Studies, 29(1): 45-66.

Ellram L M. 2013. Offshoring, reshoring and the manufacturing location decision. Journal of Supply Chain Management, 49(2): 3-5.

Ellram L M, Tate W L, Petersen K J. 2013. Offshoring and reshoring: an update on the manufacturing location decision. Journal of Supply Chain Management, 49(2): 14-22.

Faber M. 2020. Robots and reshoring: Evidence from Mexican local labor markets. Journal of International Economics, 127: 103384.

Fan X M, Liu H G. 2021. Global supply chain shifting: a macro sense of production relocation based on multi-regional input-output table. Economic Modelling, 94: 672-680.

Farrell D. 2005. Offshoring: value creation through economic change. Journal of Management Studies, 42(3): 675-683.

Feenstra R C. 1998. Integration of trade and disintegration of production in the global economy. The Journal of Economic Perspectives, 12(4): 31-50.

Feenstra R C, Hanson G H. 1999. The impact of outsourcing and high-technology capital on wages: estimates for the United States, 1979–1990. The Quarterly Journal of Economics, 114(3): 907-940.

Fracasso A, Marzetti G V. 2018. Estimating dynamic localization economies: the inadvertent success of the specialization index and the location quotient. Regional Studies, 52(1): 119-132.

Fujita M, Thisse J F. 2006. Globalization and the evolution of the supply chain: Who gains and who loses?. International Economic Review, 47(3): 811-836.

Fujita M, Thisse J F. 2013. Economics of Agglomeration, Cities, Industrial Location, and Globalization. New York: Cambridge University Press.

Gadde L E, Jonsson P. 2019. Future changes in sourcing patterns: 2025 outlook for the Swedish textile industry. Journal of Purchasing and Supply Management, 25(3): 100526.

Gao X, Hewings G J D, Yang C H. 2022. Offshore, re-shore, re-offshore: what happened to global manufacturing location between 2007 and 2014?. Cambridge Journal of Regions, Economy and Society, 15(2): 183-206.

Gereffi G. 2020. What does the COVID-19 pandemic teach us about global value chains? The case of medical supplies. Journal of International Business Policy, 3: 287-301.

Gereffi G, Humphrey J, Sturgeon T. 2005. The governance of global value chains. Review of International Political Economy, 12(1): 78-104.

Giuliani E, Pietrobelli C, Rabellotti R. 2005. Upgrading in global value chains: lessons from Latin American clusters. World Development, 33(4): 549-573.

Gray J V, Roth A V, Leiblein M J. 2011. Quality risk in offshore manufacturing: evidence from the pharmaceutical industry. Journal of Operations Management, 29(7/8): 737-752.

Gray J V, Skowronski K, Esenduran G, et al. 2013. The reshoring phenomenon: what supply chain academics ought to know and should do. Journal of Supply Chain Management, 49(2): 27-33.

Grossman G M, Rossi-Hansberg E. 2008. Trading tasks: a simple model of offshoring. The American Economic Review, 98(5): 1978-1997.

Guilhoto J, Hewings G, Johnstone N, et al. 2019. Exploring changes in world production and trade: insights from the 2018 update of OECD's ICIO/TIVA database. Paris: OECD Publishing.

Heintz J. 2006. Low-wage manufacturing and global commodity chains: a model in the unequal exchange tradition. Cambridge Journal of Economics, 30(4): 507-520.

Hekman J S. 1980. The product cycle and new England textiles. The Quarterly Journal of Economics, 94(4): 697-717.

Henderson J V, Shalizi Z, Venables A J. 2001. Geography and development. Journal of Economic Geography, 1(1): 81-105.

Hummels D, Ishii J, Yi K M. 2001. The nature and growth of vertical specialization in world trade. Journal of International Economics, 54(1): 75-96.

Jensen P D Ø, Pedersen T. 2011. The economic geography of offshoring: the fit between activities and local context. Journal of Management Studies, 48(2): 352-372.

Jensen P D Ø, Pedersen T. 2012. Offshoring and international competitiveness: antecedents of offshoring advanced tasks. Journal of the Academy of Marketing Science, 40：313-328.

Johnson R C, Noguera G. 2012. Accounting for intermediates: production sharing and trade in value added. Journal of International Economics, 86(2): 224-236.

Jones R W, Kierzkowski H. 2005. International fragmentation and the new economic geography. The North American Journal of Economics and Finance, 16(1): 1-10.

Joubioux C, Vanpoucke E. 2016. Towards right-shoring: a framework for off-and re-shoring decision making. Operations Management Research, 9(3): 117-132.

Kazmer D O. 2014. Manufacturing outsourcing, onshoring, and global equilibrium. Business Horizons, 57(4): 463-472.

Kee H L, Tang H W. 2016. Domestic value added in exports: theory and firm evidence from China. American Economic Review, 106(6): 1402-1436.

Kenney M, Massini S, Murtha T P. 2009. Offshoring administrative and technical work: new fields for understanding the global enterprise. Journal of International Business Studies, 40(6): 887-900.

Kinkel S. 2014. Future and impact of backshoring—some conclusions from 15 years of research on German practices. Journal of Purchasing and Supply Management, 20(1): 63-65.

Kinkel S, Maloca S. 2009. Drivers and antecedents of manufacturing offshoring and backshoring—a German perspective. Journal of Purchasing and Supply Management, 15(3): 154-165.

Kogut B. 1985. Designing global strategies: comparative and competitive value-added chains. Sloan Management Review, 26: 15.

Kojima K. 1973. A Macroeconomic approach to foreign direct investment. Hitotsubashi Journal of Economics, 14(1): 1-21.

Kojima K. 1985. Japanese and American direct investment in Asia: a comparative analysis. Hitotsubashi Journal of Economics, 26(1):1-35.

Kojima K. 2000. The "flying geese" model of Asian economic development: origin, theoretical extensions, and regional policy implications. Journal of Asian Economics, 11(4): 375-401.

Koopman R, Wang Z, Wei S J. 2014. Tracing value-added and double counting in gross exports. The American Economic Review, 104(2): 459-494.

Krenz A, Prettner K, Strulik H. 2021. Robots, reshoring, and the lot of low-skilled workers. European Economic Review, 136: 103744.

Krenz A, Strulik H. 2021. Quantifying reshoring at the macro-level—measurement and applications. Growth and Change, 52(3): 1200-1229.

Krugman P. 1980. Scale economies, product differentiation, and the pattern of trade. The American Economic Review, 70(5): 950-959.

Krugman P. 1991. Increasing returns and economic geography. Journal of Political Economy, 99(3): 483-499.

Krugman P. 1995. Growing world trade: causes and consequences. Brookings Papers On Economic Activity, 1995(1): 327-377.

Krumme G, Hayter R. 1975. Implications of corporate strategies and product cycle adjustments for regional employment changes//Collins L, Walker D F. Locational Dynamics of Manufacturing Activity. Hoboken: John Wiley and Sons: 325-356.

Lemoine F, Ünal-Kesenci D. 2004. Assembly trade and technology transfer: the case of China. World Development, 32(5): 829-850.

Leontief W W. 1986. Input-Output Economics. New York: Oxford University Press.

Levine L. 2012. Offshoring (or offshore outsourcing) and job loss among U.S. workers. Washington D.C.: Congressional Research Service.

Levy D L. 2005. Offshoring in the new global political economy. Journal of Management Studies, 42(3): 685-693.

Lewin A Y, Massini S, Peeters C. 2009. Why are companies offshoring innovation? The emerging global race for talent. Journal of International Business Studies, 40(6): 901-925.

Lewis W A. 1992. The evolution of the international economic order// Letiche J M . International Economics Policies and Their Theoretical Foundations: A Source Book. Cambridge: Academic Press: 3-25.

Livesey F. 2017. From Global to Local: the Making of Things and the End of Globalization. London: Profile Books.

Livesey F. 2018. Unpacking the possibilities of deglobalisation. Cambridge Journal of Regions, Economy and Society, 11(1): 177-187.

Los B, Timmer M P, de Vries G J. 2015. How global are global value chains? A new approach to measure international fragmentation. Journal of Regional Science, 55(1): 66-92.

Los B, Timmer M P, de Vries G J. 2016. Tracing value-added and double counting in gross exports: comment. American Economic Review, 106(7): 1958-1966.

Lund H B, Steen M. 2020. Make at home or abroad? Manufacturing reshoring through a GPN lens: a Norwegian case study. Geoforum, 113: 154-164.

Meng B, Ye M, Wei S J. 2020. Measuring smile curves in global value chains. Oxford Bulletin of Economics and Statistics, 82(5): 988-1016.

Metters R, Verma R. 2008. History of offshoring knowledge services. Journal of Operations Management, 26(2): 141-147.

Miller R E, Blair P D. 2009. Input-Output Analysis: Foundations and Extensions. Cambridge: Cambridge University Press.

Mohiuddin M, Su Z. 2013. Manufacturing small and medium size enterprise's offshore outsourcing and competitive advantage: an exploratory study on Canadian offshoring manufacturing SMEs. Journal of Applied Business Research, 29: 1111-1130.

Moretto A, Patrucco A S, Harland C M. 2019. The dynamics of reshoring decisions and the role of purchasing. International Journal of Production Research, 58(19):5929-5944.

Mulligan G F, Schmidt C. 2005. A note on localization and specialization. Growth and Change, 36(4): 565-576.

Murata Y, Thisse J F. 2005. A simple model of economic geography à la Helpman-Tabuchi. Journal of Urban Economics,58(1):137-155.

Myrdal G. 1957. Economic Theory and Underdeveloped Regions. London: Gerald Duckworth.

Oldekop J A, Horner R, Hulme D, et al. 2020. COVID-19 and the case for global development. World Development, 134: 105044.

Pappas D, Chalvatzis K J, Guan D, et al. 2018. Energy and carbon intensity: a study on the cross-country industrial shift from China to India and SE Asia. Applied Energy, 225: 183-194.

Pietrobelli C, Rabellotti R. 2011. Global value chains meet innovation systems: Are there learning opportunities for developing countries?. World Development, 39(7): 1261-1269.

Ponte S. 2020. Green capital accumulation: business and sustainability management in a world of global value chains. New Political Economy, 25(1): 72-84.

Porter M. 1985. Competitive Advantage: Creating and Sustaining Superior Performance. New York: Free Press.

Ritter R C, Sternfels R A. 2004. When offshore manufacturing doesn't make sense. The McKinsey Quarterly, 4: 124-127.

Rodrik D. 2016. Premature deindustrialization. Journal of Economic Growth, 21: 1-33.

Roza M, van den Bosch F A J, Volberda H W. 2011. Offshoring strategy: motives, functions, locations, and governance modes of small, medium-sized and large firms. International Business Review, 20(3): 314-323.

Ruan J Q, Zhang X B. 2010. Do geese migrate domestically? Evidence from the Chinese textile and apparel industry. Washington D.C. :International Food Policy Research Institute.

Scott A J. 2006. The changing global geography of low-technology, labor-intensive industry: clothing, footwear, and furniture. World Development, 34(9): 1517-1536.

Temouri Y, Driffield N L, Higón D A. 2010. The futures of offshoring FDI in high-tech sectors. Futures, 42(9): 960-970.

Tian K L, Zhang Y, Li Y Z, et al. 2022. Regional trade agreement burdens global carbon emission mitigation. Nature Communication, 13: 408.

Timmer M P, Dietzenbacher E, Los B, et al. 2015. An illustrated user guide to the world input–output database: the case of global automotive production. Review of International Economics, 23(3): 575-605.

Timmer M P, Los B, Stehrer R, et al. 2016. An anatomy of the global trade slowdown based on the WIOD 2016 release. Groningen:University of Groningen.

Timmer M P, Miroudot S, de Vries G J. 2019. Functional specialisation in trade. Journal of Economic Geography, 19(1): 1-30.

van Gorp D, Jagersma P K, Livshits A. 2007. Offshore behavior of service firms: policy implications for firms and nations. Journal of Information Technology Case and Application Research, 9(1): 7-19.

Venables A J. 1996. Equilibrium locations of vertically linked industries. International Economic Review, 37(2): 341-359.

Vernon R. 1966. International investment and international trade in the product cycle. The Quartly Journal of Economics, 80(2): 190-207.

Wan L, Orzes G, Sartor M, et al. 2019. Entry modes in reshoring strategies: an empirical analysis. Journal of Purchasing and Supply Management, 25(3): 100522.

Wang Z, Wei S J, Yu X,et al. 2022. Global value chains over business cycles. Journal of International Money and Finance, 126: 102643.

Yap X S, Truffer B. 2019. Shaping selection environments for industrial catch-up and sustainability transitions: a systemic perspective on endogenizing windows of opportunity. Research Policy, 48(4): 1030-1047.

Yamamura E, Sonobe T, Otsuka K. 2003. Human capital, cluster formation, and international relocation: the case of the garment industry in Japan, 1968–98. Journal of Economic Geography, 3(1): 37-56.

Yang C H, Dietzenbacher E, Pei J S, et al. 2015. Processing trade biases the measurement of vertical specialization in China. Economic Systems Research, 27(1): 60-76.

Yang L L, Yang C H. 2017. Changes in domestic value added in China's exports: a structural decomposition analysis approach. Journal of Economic Structures, 6(1): 1-12.

Zhu H L. 2019. A quantitative analysis of global value chains: why has domestic value-added of China's exports increased?. International Journal of Economic Policy Studies, 13(2): 403-423.

Zhu S, Pickles J. 2014. Bring in, go up, go west, go out: upgrading, regionalisation and delocalisation in China's apparel production networks. Journal of Contemporary Asia, 44(1): 36-63.